Amrum

Dünen, Wälder und endloser Strand

Urlaub auf der Insel Amrum bedeutet vor allem eines: Ruhe und Erholung in großartiger Natur.
Sand, so weit das Auge reicht. Feiner, weißer, makelloser Sand, und in der Ferne eine Reihe mächtiger Dünen. Wäre da nicht das sanfte Rauschen des Meeres, das Schreien der Möwen und die leichte Brise Seeluft, man könnte sich in die Sahara versetzt glauben. Der Kniepsand, einer der breitesten Sandstrände Europas, ist das Badeparadies von Amrum – und ein Bollwerk, das die Insel im Herbst und Winter vor den tosenden Wellen schützt.
Schon im 19. Jahrhundert sorgte der Sand vor Amrum für bescheidenen Wohlstand der Inselbewohner. Auf den zahlreichen Sandbänken liefen bei Stürmen viele Schiffe auf Grund. Wind und Wellen spülten die wertvollen Frachten ans Ufer, wo die Amrumer Bürger sie schleunigst vor dem Zugriff des Staates „in Sicherheit" brachten. Aus den ehemaligen Strandräubern sind heute freundliche und friedliebende Zeitgenossen geworden, die ihren Gästen bei Bier oder Teepunsch gerne die Geschichten ihrer Vorfahren erzählen.
Mit 41,8 Metern Höhe ist der

Ein Paradies für Strandläufer vor der Kulisse der Dünen von Amrum: Der Kniepsand ist einer der breitesten Sandstrände Nordeuropas und das Badeparadies von Amrum.

Links: Der Leuchtturm in den Dünen bei Wittdün ist das Wahrzeichen von Amrum. Einschließlich der Düne ragt er 63 Meter hoch über das Meer und ist somit der höchste Leuchtturm an der Westküste. Mit seiner Reichweite von 23 Seemeilen weist er den Schiffen seit 1875 den Weg durch das Wattenmeer.

Leuchtturm von Amrum der höchste an der schleswig-holsteinischen Nordseeküste. Wer die 192 Stufen im Turm erklommen hat, dem bietet sich eine atemberaubende Aussicht. Der Blick streift von der offenen See über den Kniepsand und die urwüchsige Dünenlandschaft, über ausgedehnte Wälder und Heideflächen und im Osten über das Wattenmeer bis zum Festland. Weit draußen im Süden zeichnen die Fährschiffe auf dem Weg zum Hafen von Wittdün weiße Linien ins tiefblaue Meer.

Wer Amrum besuchen möchte, der kommt an Wittdün nicht vorbei. Hier legen die Fähr- und Ausflugsschiffe an, hier ist die Zentrale der Touristinformation. Die Hauptstraße mit zahlreichen Geschäften lädt zum Bummeln ein. Im Hafen vermitteln die bunten Fisch- und Krabbenkutter maritimes Flair, und im Tonnenhafen warten leuchtend rot, grün und gelb gestrichene Seezeichen darauf, zur Sicherung der Schifffahrtswege ausgebracht zu werden.

Nur ein paar hundert Meter außerhalb des quirligen Hafendorfs wird die Insel ein Ort der Ruhe und Beschaulichkeit. Abseits der wenigen Hauptstraßen gibt es nur wenig Autoverkehr: Es scheint, als würden die meisten Inselbesucher aufs Fahrrad umsteigen, haben sie erst einmal ihre Unterkunft erreicht. Und tatsächlich ist Amrum ein Paradies für Fahrradbegeisterte: Nebel, Norddorf und die wenigen anderen Orte, alle lassen sie sich per Fahrrad auf

Holger Schulz

Inseln und Halligen

im schleswig-holsteinischen Wattenmeer

HUSUM

Der Strand in Wyk. Weißer Sand, sauberes Wasser und der Blick aufs Meer und die Halligwelt. Trotz vieler Urlaubsgäste ist es hier nie überlaufen.

Links unten:
Verspielt tollen bei Dunsum im Frühjahr die Lämmer auf den Deichen.

wird auf Föhr großgeschrieben. Kinder toben im seichten Wasser oder bauen Sandburgen, während ihre Eltern die Ruhe der weiten Strände genießen. Auf den Deichen weiden Hunderte von Schafen, und ihre verspielten Lämmer verzaubern im Frühjahr vor allem die jüngsten Besucher der Insel.

Am Goting Kliff fallen die Dünen stellenweise einige Meter weit steil zum Strand ab. Vom Kliff aus streift der Blick frei über die Nordsee auf die Insel Amrum und die Hallig Langeneß. „So wie heute abend hier zu sitzen und das Rauschen des Meeres zu hören, das ist einfach einmalig." Herr und Frau Pawel aus Hannover-Langenhagen haben es sich auf einer Bank an der Kliffkante bequem gemacht und genießen die Abendsonne. Seit 17 Jahren kommen sie regelmäßig nach Föhr. Sie schwärmen von der guten Luft, der Weite und der Ruhe auf der Insel. „Hier können wir vollständig abschalten von der Großstadt-Hektik, die uns im Alltag umgibt", sagen sie, und: „Die Menschen auf Föhr sind so freundlich und aufgeschlossen. Hier den Urlaub zu verbringen ist immer wieder wie nach Hause kommen."

Eine leichte Brise streicht von Westen her über die Insel. Es riecht nach Meer und Algen,

Sonnenuntergang am Strand bei Utersum. Friedlich ist es und ruhig, nur ein paar Watvögel suchen noch vor dem auflaufenden Wasser im Schlick nach Nahrung.

die salzige Luft prickelt auf der Haut. In Utersum, im äußersten Westen Föhrs, haben sich ein paar Urlauber auf dem Deich versammelt, um, wie jeden Abend, den Sonnenuntergang zu genießen. Der Himmel färbt sich zuerst orange, wird dann dunkler und geht schließlich über in ein tiefes Rot. Lediglich die Schreie und Pfiffe einiger Meeresvögel durchbrechen die Stille. Und dann versinkt die Sonne hinter dem Horizont, langsam wird es dunkel, und nur noch das Lichtsignal des Amrumer Leuchtturms blinkt in regelmäßigen Abständen über die See.

Am Goting Kliff harren die Pawels aus Hannover noch immer aus. „Ist das nicht traumhaft?", fragt er. Und sie nickt: „Mehr kann man sich doch im Urlaub nicht wünschen."

vildienstleistender der Schutzstation Wattenmeer, auf dem Weg zu einer Vogelzählung. Er erzählt, warum es verboten ist, die ausgewiesenen Wege zum Strand zu verlassen: „Die Dünen sind nicht nur wegen seltener Tier- und Pflanzenarten geschützt. Der Strandhafer, der den Sand der Dünen stabilisiert und den Abtrag durch Wind und Wasser verhindern soll, würde durch Fußgänger zerstört. Dünenschutz ist deshalb auch Inselschutz." Der 21-jährige Stuttgarter ist begeistert von seiner Tätigkeit auf Sylt: „Ich genieße die Arbeit und das Leben hier draußen. Zum einen tragen wir bei zum Erhalt dieser schönen Insel, zum anderen erreichen wir viele Menschen und können sie für den Schutz der Natur sensibilisieren."
Keitum, der größte Ort im Osten Sylts, scheint seit Jahrzehnten unverändert. Die schmalen Gassen und Sträßchen werden flankiert von reetgedeckten Friesenhäusern. Hier lebten in

Bei List, im Norden von Sylt, formen gewaltige Wanderdünen eine archaische Landschaft. Bis zu 10 Meter bewegen sich die größten Dünen pro Jahr nach Osten.

Schmale Pfade führen durch die Dünen zum Meer. Um die empfindliche Vegetation der Dünen zu schützen, ist das Betreten nur auf ausgewiesenen Wegen erlaubt.

Die alten Kapitänshäuser im Takerwai mit ihren farbenprächtig blühenden Vorgärten verleihen Keitum einen ganz besonderen Charme.

Im Spätsommer färbt das blühende Heidekraut die Dünentäler violett.

den vergangenen Jahrhunderten die Kapitäne, die von Sylt aus auf Walfängern oder Handelsschiffen die Meere der Welt befuhren. Zwei bogenförmige Kieferknochen eines Wals, die den Eingang zum Heimatmuseum in Keitum umrahmen, erinnern an die Geschichte der Sylter als erfolgreiche Seefahrer. Ein Blick in die prächtig blühenden Gärten hinter den steinernen Friesenwällen macht deutlich, dass die Insel auch klimatisch besonders begünstigt ist.
Auch auf Sylt geht der Tag irgendwann zu Ende. Langsam leeren sich die Strände. In den zahlreichen Restaurants der Insel, von Hörnum bis List und von Westerland bis Morsum, zeigen nun die Küchenchefs, was sie drauf haben. Die Sylter Royal, Austern aus Deutschlands einziger Zucht in List, dürfen dabei natürlich nicht fehlen. Und während viele noch in kulinarischen Herausforderungen schwelgen und andere bereits im Strönwai, Kampens berühmter „Whiskeymeile“, die Bars und Diskotheken erkunden, haben auf der Aussichtsplattform am Roten Kliff ein paar Unentwegte zusammengefunden. Sie warten auf den krönenden Abschluss des Tages. Als dieser endlich eintritt, als die Sonne im Meer versinkt und das Kliff rotgolden aufleuchtet, sind sich auch weitgereiste Gäste einig: „Sylt ist einzigartig.“

Regierung den Deich- und Küstenschutz zur Staatsaufgabe erklärt hatte, besserte sich die Situation.
Im Hafen von Tammensiel sind die Fischer mit dem Entladen ihres Fanges fast fertig. Die Kisten mit rotbraunen, auf dem Kutter abgekochten Krabben stapeln sich am Kai. Ein paar Inselgäste haben sich eingefunden und lassen sich Krabben in mitgebrachte Taschen und Tüten füllen. Direktvermarktung am Hafen, nirgendwo sonst erhält man diese Delikatesse so frisch. Leo Brunner, auf Pellworm bekannt als „Fisch-Leo", wartet geduldig, bis er an der Reihe ist. Zusammen mit seiner Frau Gabi betreibt er am Hafen seit 25 Jahren „Leo's Fisch- und Grillimbiss". „Unsere Krabben kommen nicht aus Marokko", sagt er. „Wir puhlen selbst von Hand und verkaufen das Krabbenfleisch am nächsten Tag – garantiert ohne Konservierungsmittel."
Aber Pellworm ist mehr als Krabben und Hafen. Dem Besucher erschließt sich die Insel am besten bei einer Rundreise mit dem Fahrrad. Auf den schmalen Straßen und Wegen gibt es nur wenig Autoverkehr, sodass auch die Jüngsten ungefährdet mitradeln können. Drei auffällige Landmarken weisen dem Radwanderer den Weg: Im Süden erhebt sich weithin sichtbar der rotweiße Leuchtturm über die Wiesen und Weiden, den Nordwesten der Insel markiert die Nordermühle, eine gut erhaltene Holländermühle aus dem 17. Jahrhundert, und im äußersten Westen ragt die Turmruine der Alten Kirche St. Salvator in den Himmel. Unterwegs zu diesen „Highlights" gibt es vieles zu entdecken: Traditionelle, reetgedeckte Bauerngehöfte auf ihren Warften, wunderschöne Friesenhäuser mit blühenden Vorgärten und vor allem die weite Landschaft, in der vielerorts die Zeit stehengeblieben zu sein scheint. Die Kühe auf den Fennen sehen aus, als seien sie wirklich glücklich, und die Deiche sind von Schafen und Lämmern bevölkert. Überall riecht, fühlt und schmeckt man das Wattenmeer, das die Insel nahtlos umgibt, und die Rufe der Austernfischer, Säbelschnäbler und Rotschenkel begleiten den Wanderer auf Schritt und Tritt.

Hunderte von Schafen weiden auf dem Deichvorland am Bupheverkoog. Die Windkraftanlagen zeugen vom Bestreben Pellworms, sich mit Energie aus Wind, Sonne und Biomasse von fossilen Brennstoffen unabhängig zu machen.

41 Meter hoch ist der Leuchtturm von Pellworm und Heimat des höchsten Standesamts im Norden. Fast 2300 Paare haben hier während der letzten zehn Jahre den Bund fürs Leben geschlossen.

An den Badestellen stehen die Strandkörbe auf dem grünen Rasen des Deichfußes. Ein paar Meter weiter beginnt das Wattenmeer mit dem stetigen Wechsel der Gezeiten: Wo es sich am Vormittag so herrlich im Wasser der Nordsee baden lässt, dort breitet sich am Nachmittag die endlose Weite des Watts aus und lädt ein, diesen geheimnisvollen Lebensraum mit nackten Beinen zu durchwandern. Es ist vor allem die Ursprünglichkeit, die viele Besucher an Pellworm so lieben, dass sie über Jahre hinweg immer wieder zurückkehren.

In „Leo's Fischimbiss" herrscht inzwischen Hochbetrieb. Leo zapft Bier, seine Frau bereitet „Porrenpann" zu, Krabben in Petersiliensoße. Vor 33 Jahren kam „Fisch-Leo" als 25-Jähriger aus Mittelfranken nach Pellworm. „Zurück aufs Festland? Nein, das kann ich mir nicht vorstellen." Er blickt zufrieden über den Hafen; auf einem der bunten Kutter hat er vor Jahren selbst gearbeitet. „Wir haben hier auf Pellworm einen netten Spruch", meint er zum Abschied: „Einmal Pellworm – immer Pellworm."

Ihr Weg nach Pellworm

Mit Bahn und Schiff

Mit dem Zug bis Husum. Bahnreisende können durchgehende Fahrkarten Bahn-Bus-Fähre an jeder DB-Fahrkartenverkaufsstelle lösen. Vom Bahnhof aus verkehren Zubringerbusse zum Hafen Strucklahnungshörn/Nordstrand. Der Bus hält in Strucklahnungshörn direkt an der Fähre, die bei Busverspätung wartet.

Vom Hafen Strucklahnungshörn 5–6 mal täglich mit der MS „Pellworm I" nach Pellworm und zurück. Vom Tiefwasseranleger auf Pellworm aus verkeh-

Das Haus „Kliffende" am Strand bei Kampen war einst eine bei Künstlern beliebte Pension. Auch der Schriftsteller Thomas Mann quartierte sich dort in den 1920er-Jahren zeitweise ein.

Tipps für Ihren Aufenthalt auf Sylt

Informationen und Buchung:
Sylt Marketing GmbH
Stephanstraße 6
25980 Westerland
www.sylt.de

Was tun auf Sylt?
Sylt ist so reich an Angeboten, dass an dieser Stelle lediglich eine grobe Übersicht der Freizeit-Aktivitäten möglich ist.
Baden, Sonnen, Spielen und Faulenzen: 40 km schönster Sandstrand, Strandkorbvermietung, ruhige Strandabschnitte, FKK-Strände, Hundestrände, Jugendstrand und „Fun-Beach Brandenburg" mit Beach-Ball, Beach-Soccer, Boccia, Dart und Tam-Beach. Verleih von Sportgeräten am Strand.
Natur erleben: Riesige Dünen, blühende Heide, Kliffe, Salzwiesen und Wattenmeer. Seltene Tiere und Pflanzen, Vogelzug, Schweinswale in der Nordsee. Fernglas nicht vergessen!
Radfahren: Mehr als 200 km herrlicher Radwege, meist autofrei. Fahrradverleih in allen Inselorten.

Sylt ist nicht nur Badeparadies. Die langen Strände laden auch zu stundenlangen Spaziergängen ein.

Linke Seite:
Weithin sichtbar ragt der 34 m hohe Leuchtturm über den Hafen von Hörnum.

Wandern: Auf Holzbohlenwegen in den Dünen, über den Strand am Lister Ellenbogen, um das Vogelschutzgebiet Rantum Becken oder in der Braderuper Heide.
Schwimmen: Ganzjährig in der großzügigen Bäderlandschaft der „Sylter Welle" in Westerland, Wasserrutsche, Wikingerschiff, Whirlpool, Wellenbad, Außenbecken mit Blick aufs Meer.
Joggen: Ob am Strand, in den Dünen, der Heide oder am Wattenmeer, gute Joggingstrecken gibt es überall auf Sylt.
Nordic Walking: Nordic Walking Park Sylt mit 220 km Streckennetz.
Inline-Skaten: 200 km autofreier Radwege eignen sich auch hervorragend zum Inline-Skaten. Skate-Schule in Westerland, Kurse.
Surfen und Kiten: Ideale Bedingungen für Surfer und Kitesurfer. Anfänger surfen an der Wattseite, Könner bevorzugen den Weststrand.
Tennis: Zahlreiche Hallen- und Außenplätze in Westerland, Wenningstedt und Rantum.
Golf: 3 Golfplätze, auch für Nicht-Mitglieder. Schnupperkurse.
Reitsport: 70 km Reitwege durch Dünen, Wiesen und das Watt. Mehrere Reiterhöfe und Reitschulen.
Ausflüge: Inselrundfahrten mit dem Bus, Schiffsausflüge zu

Kleine Fischkutter und Sportboote teilen sich die Liegeplätze im Seglerhafen von Wittdün.

Tipps für die Zeit auf Amrum

Informationen und Buchung:
Amrum Touristik
Am Fähranleger
25946 Wittdün auf Amrum
www.amrum.de

Was tun auf Amrum?
Erkundung der großartigen Natur und der gemütlichen Dörfer mit dem Auto, dem Fahrrad, dem Inselbus oder zu Fuß. Ausgedehnte Spaziergänge auf dem endlos breiten Sandstrand oder auf Holzbohlenwegen durch die bis zu 32 m hohen Dünen.
Der bis zu 2 km breite und fast 10 km lange Kniepsand bietet Strände für jeden Geschmack: Badestrände, FKK-Strände, Nichtraucher-Strände, Hundestrände sowie Pferd-und-Reiter-Strände und -Badestellen (Landkarte mit Bezeichnung der Strandabschnitte bei der Amrum Touristik). An vielen Strandabschnitten Vermietung von Strandkörben. Mehr als genug Platz zum Schwimmen, Sonnenbaden, Spazierengehen, Sporttreiben und Faulenzen.
Drei ausgewiesene Radwege erschließen die gesamte Insel zwischen Wittdün und Norddorf. Auch die meisten anderen Wege und Sträßchen sind hervorragend fürs Radwandern geeignet, da abseits der Hauptstraße nur wenig Autoverkehr herrscht. Eine detaillierte Inselkarte mit allen Routen und mit Informationen über die Möglichkeiten, Fahrräder zu mieten, gibt es bei der Amrum Touristik.
Wattwanderung nach Föhr unter der Regie eines erfahrenen Wattenführers.

Links unten:
Strandkörbe in den Dünen am Badestrand von Nebel auf Amrum

Im Tonnenhafen von Wittdün werden Seezeichen gelagert und überholt, bevor sie zur Sicherung der Schifffahrtswege wieder ausgebracht werden.

Naturbeobachtung: Im Watt, in den Dünen und in anderen geschützten Lebensräumen haben auf Amrum zahlreiche gefährdete Vogelarten ein sicheres Refugium gefunden. Austernfischer, Sandregenpfeifer, Zwergseeschwalbe, Eiderente und Brandgans sind nur einige der Vogelarten, die Naturfreunde hier ungestört beobachten können.

Besteigung des Amrumer Leuchtturms. Öffnungszeiten im Sommer: Mo.–Fr. 8:30 – 12:30 Uhr.

Reiten am Strand, durch die Brandung und auf Reitwegen durch Wälder und Heiden: Islandpferdehof in Steenodde, Reiterhof Jensen in Nebel, Ponyhof Zimmermann in Süddorf, Reiterhof Andresen.

Jogging und Nordic-Walking in herrlicher Natur. Nordic-Walking-Kurse. Einmalige Nordic-Walking-Tour durchs Watt von Amrum nach Föhr, mit Wattführer und Walking-Trainerin.

Windsurfen: Wassersportschule Amrum am Strand von Norddorf, Surfschule in Nebel. An den Stränden bei den Surfschulen gibt es Beachvolleyball-Netze, dort werden zeitweise auch Wettkämpfe ausgetragen.

Amrum-Badeland Wittdün: Beheiztes Meerwasser-Wellenbad mit Massagedüsen, Whirlliegen, Wasserfall, Kinderrutsche, Solarium, Sauna, Fitness- und Gymnastikraum und verschiedenen Massagen. Thalasso-Zentrum (Wellness-Angebote) und Kuren in Wittdün, www.wittduen.net.

Amrum ist ein Paradies für Radwanderer. Wie hier in der Ortschaft Nebel durchzieht ein gut ausgeschildertes Netz von Fahrradwegen die ganze Insel, häufig abseits des Straßenverkehrs.

Vogelkundliche Führungen und naturkundliche Wattwanderungen.

Insel-Rundfahrt mit dem „Insel-Paul", der gummibereiften Inselbahn. Abfahrtszeiten und -orte bei Amrum Touristik.

Ausflugs-Pauschalangebote (z. B. Schiffsausflüge zu den Halligen und Seehundsbänken, Fangfahrt mit dem Krabbenkutter).

Amrum für Kinder

Riesige Strände, wenig Straßenverkehr, Holzbohlenwege durch die Dünen und viel Natur – auf Amrum können Kinder ungefährdet toben und spielen.

Abenteuerland: einer der größten Indoor-Spielplätze in Nordfriesland, mit vielen Spielgeräten auf über 1300 m² Hallenfläche (www.abenteuerland-amrum.de).

Föhr

Grüne Insel, weisser Strand

Bummeln in der Flaniermeile? Shoppen in schicken Läden? Schlemmen in gemütlichen Gartenrestaurants? Oder doch lieber am Strand promenieren, mit Blick auf das Wattenmeer, die Seebrücken und die Halligen am Horizont? In Wyk auf Föhr muss man sich nicht entscheiden: Der Sandwall, die autofreie Hauptgeschäftsstraße, ist alles in einem: Einkaufsviertel, Vergnügungsmeile und Strandpromenade. Hier flanierte schon im 19. Jahrhundert der Dänenkönig Christian VIII. zusammen mit dem Märchendichter Hans Christian Andersen. Auch durch die angrenzenden kleinen Gassen weht der Hauch der Geschichte: In den denkmalgeschützten Häusern in der Carl-Haeberlin-Straße erholten sich die Kapitäne der Walfang- und Handelsschiffe von ihren gefahrvollen Reisen.

Wer Föhr erkunden will, der tut das am besten per Fahrrad oder mit dem Inselbus. Die „Grüne Insel" hat auch außerhalb des Hafenstädtchens Wyk viel zu bieten. Elf Dörfer gibt es auf dem Eiland, und die meisten haben sich ihren friesischen Charme bis heute erhalten. Ein besonderes Kleinod ist Nieblum. Seine Linden-Alleen und schmalen Gassen, flankiert von reetgedeckten Friesenhäusern mit ihren typischen Schmalgiebeln, laden ein zum Entdecken und Ver-

Linke Seite unten:
Dorfidylle in Nieblum. In vielen der schmucken Reetdachhäuser, in denen früher die Kapitäne der Walfangschiffe lebten, befinden sich heute Restaurants, Cafés oder kleine Galerien.

Unten:
Blick von der Kurpromenade in Wyk über den Badestand mit seinen Seebrücken. Vom Strandkorb zu den Cafés und Boutiquen am Sandwall sind es nur ein paar Schritte.

Nieblum mit seinen schmalgiebligen Friesenhäusern gilt als eines der schönsten Dörfer Schleswig-Holsteins.

weilen. Reich verzierte Eingangstüren und blühende Bauerngärten zeugen von der Liebe der Föhrer zu ihren alten Traditionen. Andere Siedlungen sind vielleicht weniger spektakulär, aber gerade deshalb ein Eldorado für Naturfreunde. So wie das kleine Dörfchen Witsum: Versteckt liegt es zwischen Weiden und Wäldern, direkt an den Salzwiesen des Flüsschens Godel mit seiner vielfältigen Vogelwelt. Ein 144 Kilometer langes Fahrradwege-Netz macht es Radwanderern leicht, auch die abgelegensten Winkel des Eilands zu erforschen.

Was wäre Föhr ohne seine weißen Sandstrände? 15 Kilometer weit erstrecken sie sich entlang der Süd- und Westküste der Insel. Feinsandig, breit und flach sind sie und begeistern auch die anspruchsvollsten Badegäste. Wie Farbtupfer leuchten von weither die Strandkörbe in vielen Farben. Familienurlaub

Der Strand in Wyk. Weißer Sand, sauberes Wasser und der Blick aufs Meer und die Halligwelt. Trotz vieler Urlaubsgäste ist es hier nie überlaufen.

Links unten:
Verspielt tollen bei Dunsum im Frühjahr die Lämmer auf den Deichen.

wird auf Föhr großgeschrieben. Kinder toben im seichten Wasser oder bauen Sandburgen, während ihre Eltern die Ruhe der weiten Strände genießen. Auf den Deichen weiden Hunderte von Schafen, und ihre verspielten Lämmer verzaubern im Frühjahr vor allem die jüngsten Besucher der Insel.

Am Goting Kliff fallen die Dünen stellenweise einige Meter weit steil zum Strand ab. Vom Kliff aus streift der Blick frei über die Nordsee auf die Insel Amrum und die Hallig Langeneß. „So wie heute abend hier zu sitzen und das Rauschen des Meeres zu hören, das ist einfach einmalig." Herr und Frau Pawel aus Hannover-Langenhagen haben es sich auf einer Bank an der Kliffkante bequem gemacht und genießen die Abendsonne. Seit 17 Jahren kommen sie regelmäßig nach Föhr. Sie schwärmen von der guten Luft, der Weite und der Ruhe auf der Insel. „Hier können wir vollständig abschalten von der Großstadt-Hektik, die uns im Alltag umgibt", sagen sie, und: „Die Menschen auf Föhr sind so freundlich und aufgeschlossen. Hier den Urlaub zu verbringen ist immer wieder wie nach Hause kommen."

Eine leichte Brise streicht von Westen her über die Insel. Es riecht nach Meer und Algen,

Sonnenuntergang am Strand bei Utersum. Friedlich ist es und ruhig, nur ein paar Watvögel suchen noch vor dem auflaufenden Wasser im Schlick nach Nahrung.

die salzige Luft prickelt auf der Haut. In Utersum, im äußersten Westen Föhrs, haben sich ein paar Urlauber auf dem Deich versammelt, um, wie jeden Abend, den Sonnenuntergang zu genießen. Der Himmel färbt sich zuerst orange, wird dann dunkler und geht schließlich über in ein tiefes Rot. Lediglich die Schreie und Pfiffe einiger Meeresvögel durchbrechen die Stille. Und dann versinkt die Sonne hinter dem Horizont, langsam wird es dunkel, und nur noch das Lichtsignal des Amrumer Leuchtturms blinkt in regelmäßigen Abständen über die See.

Am Goting Kliff harren die Pawels aus Hannover noch immer aus. „Ist das nicht traumhaft?", fragt er. Und sie nickt: „Mehr kann man sich doch im Urlaub nicht wünschen."

Links: Flussseeschwalben erbeuten in den Gewässern der Insel im Sturzflug kleine Fische und andere Nahrungstiere.

Begegnung vor dem Hafen von Wyk. Zwei Segelboote kreuzen den Weg einer Fähre. Fast stündlich verbinden die Schiffe der Wyker Dampfschiffs-Reederei Föhr mit dem Festland und anderen Inseln.

Ihr Weg nach Föhr

Mit Bahn und Schiff

Einfacher geht es nicht: Mit der Bahn direkt bis Dagebüll Mole. Vom Zug zur Fähre sind es dort nur wenige Meter. Buchung der Fährpassage nach Wyk auf Föhr mit dem Zugticket.

Mit Auto und Schiff

Von Dagebüll aus können Sie mit der Fähre übersetzen oder Sie stellen Ihr Fahrzeug auf dem Inselparkplatz (kostenpflichtig) in Hafennähe ab. Vom Parkplatz aus kostenloser Shuttle-Service an die Mole. Während der Feriensaison verkehren die Schiffe der Wyker Dampfschiffs-Reederei zwischen Dagebüll und Wyk auf Föhr bis zu elfmal täglich.

Tipps für Ihren Aufenthalt auf Föhr

Informationen und Buchung:

Föhr Tourismus GmbH
Postfach 1511
25933 Wyk auf Föhr
www.foehr.de

Was tun auf Föhr?

Erkundung von Wyk und der Insel mit dem Auto, dem Fahrrad, dem Inselbus oder zu Fuß. Ausgedehnte Strandspaziergänge zwischen Wyk und anderen Orten an der Südküste Föhrs, z. B. Nieblum und Goting.

15 Kilometer Strand zum Schwimmen, Sonnenbaden, Spazierengehen und Faulenzen. Zwei Seebrücken vor Wyk. An vielen Strandabschnitten Vermietung von Strandkörben. FKK-Strand und mehrere Hundestrände.

144 km langes Radwegenetz für ausgedehnte Radtouren, auch mit Kindern. Eine Radwanderkarte und Informationen über Fahrradvermieter gibt es bei der Touristinformation.

Geführte Wattwanderungen nach Amrum, Ausgangspunkt am Café „Wattenlöper" bei Dunsum.

Meerwasser-Wellenbad AquaWYK, das Erlebnisbad für die ganze Familie in Wyk. Die Wassertemperatur in allen Becken beträgt 29 bis 35°C. Zahlreiche Gesundheits- und Wellness-Angebote: Kur, Sauna, Wellness, Fitness, Thalasso (www.aquawyk.de).

Weitere Sportangebote: Surfen (Surfschulen und Verleih von Ausrüstung in Wyk und Nieblum), Beachvolleyball (Netze an Strandabschnitten bei Wyk, Utersum, Nieblum und Goting), Tennis (Hallen und Plätze in Wyk und Nieblum), Golf (Golf Club Föhr und Cross-Golf-Feld Oevenum), Nordic-Walking.

Inselrundfahrten mit der Inselbahn (www.friesenexpress.de) oder romantische Kutschfahrten, Rundflüge über Föhr.

In der Carl-Haeberlin-Straße in Wyk mit ihren denkmalgeschützten Häusern scheint die Zeit stehen geblieben zu sein.

Föhr für Kids
Die flach ins Meer abfallenden Strände sind fast überall ideal für Kinder. Viele Kinderspielplätze und Betreuungsangebote. In den meisten Unterkünften ist man speziell auf Familien mit Kindern eingestellt.
Piratentage – Das sommerliche Highlight für kleine Föhr-Fans (jährlich wechselnde Termine im Juli und August).
Schiffsfahrt zu den Seehundsbänken, „Piratenfahrt" und Seetierfang mit der MS „Störtebeker".
Mit Kindern ins Watt, Naturkundliche Führungen mit der Schutzstation Wattenmeer.

Museen, Ausstellungen, historische Gebäude
Nationalparkzentrum Föhr, Wyk.
Dr.-Carl-Haeberlin-Friesen-Museum in Wyk, auch Kinderprogramm.
Dorfmuseum „Das Leben auf dem Lande", Oevenum.
Kleines Museum mit Meeresaquarien, Oldsum-Süd.
Windmühlen (in Wyk, Wrixum, Borgsum, Oldsum).
Mittelalterliche Kirchen mit Führungen (Wyk-Boldixum, Nieblum, Süderende).
Wikinger-Ringwall Lembecksburg bei Borgsum.
Sechs Vogelkojen, alte Anlagen für den Fang von Wildenten.

Amrum

Dünen, Wälder und endloser Strand

Urlaub auf der Insel Amrum bedeutet vor allem eines: Ruhe und Erholung in großartiger Natur.
Sand, so weit das Auge reicht. Feiner, weißer, makelloser Sand, und in der Ferne eine Reihe mächtiger Dünen. Wäre da nicht das sanfte Rauschen des Meeres, das Schreien der Möwen und die leichte Brise Seeluft, man könnte sich in die Sahara versetzt glauben. Der Kniepsand, einer der breitesten Sandstrände Europas, ist das Badeparadies von Amrum – und ein Bollwerk, das die Insel im Herbst und Winter vor den tosenden Wellen schützt.
Schon im 19. Jahrhundert sorgte der Sand vor Amrum für bescheidenen Wohlstand der Inselbewohner. Auf den zahlreichen Sandbänken liefen bei Stürmen viele Schiffe auf Grund. Wind und Wellen spülten die wertvollen Frachten ans Ufer, wo die Amrumer Bürger sie schleunigst vor dem Zugriff des Staates „in Sicherheit" brachten. Aus den ehemaligen Strandräubern sind heute freundliche und friedliebende Zeitgenossen geworden, die ihren Gästen bei Bier oder Teepunsch gerne die Geschichten ihrer Vorfahren erzählen.
Mit 41,8 Metern Höhe ist der

Ein Paradies für Strandläufer vor der Kulisse der Dünen von Amrum: Der Kniepsand ist einer der breitesten Sandstrände Nordeuropas und das Badeparadies von Amrum.

Links: Der Leuchtturm in den Dünen bei Wittdün ist das Wahrzeichen von Amrum. Einschließlich der Düne ragt er 63 Meter hoch über das Meer und ist somit der höchste Leuchtturm an der Westküste. Mit seiner Reichweite von 23 Seemeilen weist er den Schiffen seit 1875 den Weg durch das Wattenmeer.

Leuchtturm von Amrum der höchste an der schleswig-holsteinischen Nordseeküste. Wer die 192 Stufen im Turm erklommen hat, dem bietet sich eine atemberaubende Aussicht. Der Blick streift von der offenen See über den Kniepsand und die urwüchsige Dünenlandschaft, über ausgedehnte Wälder und Heideflächen und im Osten über das Wattenmeer bis zum Festland. Weit draußen im Süden zeichnen die Fährschiffe auf dem Weg zum Hafen von Wittdün weiße Linien ins tiefblaue Meer.

Wer Amrum besuchen möchte, der kommt an Wittdün nicht vorbei. Hier legen die Fähr- und Ausflugsschiffe an, hier ist die Zentrale der Touristinformation. Die Hauptstraße mit zahlreichen Geschäften lädt zum Bummeln ein. Im Hafen vermitteln die bunten Fisch- und Krabbenkutter maritimes Flair, und im Tonnenhafen warten leuchtend rot, grün und gelb gestrichene Seezeichen darauf, zur Sicherung der Schifffahrtswege ausgebracht zu werden.

Nur ein paar hundert Meter außerhalb des quirligen Hafendorfs wird die Insel ein Ort der Ruhe und Beschaulichkeit. Abseits der wenigen Hauptstraßen gibt es nur wenig Autoverkehr: Es scheint, als würden die meisten Inselbesucher aufs Fahrrad umsteigen, haben sie erst einmal ihre Unterkunft erreicht. Und tatsächlich ist Amrum ein Paradies für Fahrradbegeisterte: Nebel, Norddorf und die wenigen anderen Orte, alle lassen sie sich per Fahrrad auf

wenig befahrenen Straßen oder Feldwegen erreichen. Und auch in den Dörfern gibt es viele Wege und Sträßchen, die ausschließlich Fußgängern und Radfahrern vorbehalten sind.

An der Landungsbrücke von Steenodde am Wattenmeer ist heute nichts los. Ebbe, das Wasser hat sich zurückgezogen, und auf dem winzigen Sandstrand liegen ein paar abgetakelte Segeljollen. Himmlische Ruhe, kein Mensch hat sich an dieses schöne Plätzchen verirrt. Fast kein Mensch: Gudrun und Gisbert Hess aus Frankfurt sitzen auf einer Bank, die hier auf dem Deich steht. Sie haben die Beine hochgelegt, beide sind in ihre Bücher vertieft. Warum sind sie gerade auf Amrum? „Amrum ist einfach gemütlich", sagt Gudrun Hess. „Die vielen Reetdachhäuser, die beschaulichen Dörfer, vieles ist hier so, wie es bei unserem letzten Besuch vor elf Jahren war." Über die Insel bewegen sie sich hauptsächlich per Fahrrad. Und sonst? „Morgen machen wir mit dem Kutter eine Rundfahrt um die Insel – wenn unser Hund mit darf", meint Gisbert Hess, und seine Frau fügt hinzu: „Die großartige Natur, die schönen Strände, für uns ist das Urlaub pur."

Es wird Abend. In Nebel, im Zentrum von Amrum, sind die Radler noch immer unterwegs, und das Inselbähnchen macht einen kurzen Stop auf seiner letzten Rundfahrt. Auf dem Kniepsand hat sich ein junges Paar in einem Strandkorb niedergelassen. Verzaubert betrachten die beiden die Sonne, die sich im Meer 500 Meter

Stilvoll renovierte, reetgedeckte Friesenhäuser prägen das Ortsbild von Nebel.

Wie hier bei Norddorf laden auf Amrum vielerorts Holzbohlenwege zu Spaziergängen durch die Dünen ein. Abseits der Wege darf das „Naturschutzgebiet Amrumer Dünen" nicht betreten werden, um die Landschaft und die darin lebenden Tiere und Pflanzen zu schützen.

Rechts: Fischerhäuschen am Tonnen- und Seglerhafen in Wittdün

weiter draußen spiegelt. Und in Norddorf beginnt eine ältere Dame ihren täglichen Spaziergang durch die Dünen. Wie an anderen Orten auf Amrum auch führt ein gut begehbarer Holzbohlenweg zum Kniepsand. „Es ist ja nicht weit bis zum Strand", meint die Dame, und während sie weitergeht: „Höchstens einen Kilometer." Minuten später ist sie zwischen den Dünen verschwunden. Amrum hält jung.

Ihr Weg nach Amrum

Mit Bahn und Schiff

Mit der Bahn direkt bis Dagebüll Mole. Vom Zug zur Fähre sind es dort nur wenige Meter. Buchung der Fährpassage nach Wittdün auf Amrum mit dem Zugticket.
Alternative: Mit der Bahn nach Husum. Vom Bahnhofsvorplatz verkehren während der Hauptsaison mehrmals täglich Zubringerbusse zum Hafen Nordstrand/Strucklahnungshörn. Ab Strucklahnungshörn zweimal täglich mit dem Ausflugsschiff Adler-Express nach Amrum und zurück.

Mit Auto und Schiff

Mit der Fähre ab Dagebüll:
Von Dagebüll können Sie mit der Fähre übersetzen oder Sie stellen Ihr Fahrzeug auf dem Inselparkplatz (kostenpflichtig) in Hafennähe ab. Vom Parkplatz aus kostenloser Shuttle-Service an die Mole. Während der Feriensaison verkehren die Schiffe der Wyker Dampfschiffs-Reederei zwischen Dagebüll und Wittdün auf Amrum bis zu siebenmal täglich (Dagebüll-Amrum direkt: 90 Minuten, über Föhr: 120 Minuten). Fährplatz für Autos bei der Wyker Dampfschiffs-Reederei bitte rechtzeitig buchen.

Mit dem Ausflugsschiff Adler-Express ab Nordstrand (keine Fahrzeugbeförderung):
Von Husum aus sind es nur wenige Kilometer nach Nordstrand. Auf Nordstrand den Hinweisschildern zum Hafen Strucklahnungshörn folgen. Am Hafen stellen Sie Ihr Fahrzeug auf dem Inselparkplatz ab (kostenpflichtig). Von Strucklahnungshörn täglich zwei Fahrten mit der Adler-Express über Hallig Hooge nach Amrum. Fahrzeit ca. 90 Minuten.

Tipps für die Zeit auf Amrum

Informationen und Buchung:
Amrum Touristik
Am Fähranleger
25946 Wittdün auf Amrum
www.amrum.de

Was tun auf Amrum?
Erkundung der großartigen Natur und der gemütlichen Dörfer mit dem Auto, dem Fahrrad, dem Inselbus oder zu Fuß. Ausgedehnte Spaziergänge auf dem endlos breiten Sandstrand oder auf Holzbohlenwegen durch die bis zu 32 m hohen Dünen.
Der bis zu 2 km breite und fast 10 km lange Kniepsand bietet Strände für jeden Geschmack: Badestrände, FKK-Strände, Nichtraucher-Strände, Hundestrände sowie Pferd-und-Reiter-Strände und -Badestellen (Landkarte mit Bezeichnung der Strandabschnitte bei der Amrum Touristik). An vielen Strandabschnitten Vermietung von Strandkörben. Mehr als genug Platz zum Schwimmen, Sonnenbaden, Spazierengehen, Sporttreiben und Faulenzen.
Drei ausgewiesene Radwege erschließen die gesamte Insel zwischen Wittdün und Norddorf. Auch die meisten anderen Wege und Sträßchen sind hervorragend fürs Radwandern geeignet, da abseits der Hauptstraße nur wenig Autoverkehr herrscht. Eine detaillierte Inselkarte mit allen Routen und mit Informationen über die Möglichkeiten, Fahrräder zu mieten, gibt es bei der Amrum Touristik.
Wattwanderung nach Föhr unter der Regie eines erfahrenen Wattenführers.

Kleine Fischkutter und Sportboote teilen sich die Liegeplätze im Seglerhafen von Wittdün.

Links unten:
Strandkörbe in den Dünen am Badestrand von Nebel auf Amrum

Im Tonnenhafen von Wittdün werden Seezeichen gelagert und überholt, bevor sie zur Sicherung der Schifffahrtswege wieder ausgebracht werden.

Naturbeobachtung: Im Watt, in den Dünen und in anderen geschützten Lebensräumen haben auf Amrum zahlreiche gefährdete Vogelarten ein sicheres Refugium gefunden. Austernfischer, Sandregenpfeifer, Zwergseeschwalbe, Eiderente und Brandgans sind nur einige der Vogelarten, die Naturfreunde hier ungestört beobachten können.
Besteigung des Amrumer Leuchtturms. Öffnungszeiten im Sommer: Mo.–Fr. 8:30 – 12:30 Uhr.
Reiten am Strand, durch die Brandung und auf Reitwegen durch Wälder und Heiden: Islandpferdehof in Steenodde, Reiterhof Jensen in Nebel, Ponyhof Zimmermann in Süddorf, Reiterhof Andresen.
Jogging und Nordic-Walking in herrlicher Natur. Nordic-Walking-Kurse. Einmalige Nordic-Walking-Tour durchs Watt von Amrum nach Föhr, mit Wattführer und Walking-Trainerin.
Windsurfen: Wassersportschule Amrum am Strand von Norddorf, Surfschule in Nebel. An den Stränden bei den Surfschulen gibt es Beachvolleyball-Netze, dort werden zeitweise auch Wettkämpfe ausgetragen.
Amrum-Badeland Wittdün: Beheiztes Meerwasser-Wellenbad mit Massagedüsen, Whirlliegen, Wasserfall, Kinderrutsche, Solarium, Sauna, Fitness- und Gymnastikraum und verschiedenen Massagen. Thalasso-Zentrum (Wellness-Angebote) und Kuren in Wittdün, www.wittduen.net.

Amrum ist ein Paradies für Radwanderer. Wie hier in der Ortschaft Nebel durchzieht ein gut ausgeschildertes Netz von Fahrradwegen die ganze Insel, häufig abseits des Straßenverkehrs.

Vogelkundliche Führungen und naturkundliche Wattwanderungen.
Insel-Rundfahrt mit dem „Insel-Paul", der gummibereiften Inselbahn. Abfahrtszeiten und -orte bei Amrum Touristik.
Ausflugs-Pauschalangebote (z. B. Schiffsausflüge zu den Halligen und Seehundsbänken, Fangfahrt mit dem Krabbenkutter).

Amrum für Kinder
Riesige Strände, wenig Straßenverkehr, Holzbohlenwege durch die Dünen und viel Natur – auf Amrum können Kinder ungefährdet toben und spielen.
Abenteuerland: einer der größten Indoor-Spielplätze in Nordfriesland, mit vielen Spielgeräten auf über 1300 m² Hallenfläche (www.abenteuerland-amrum.de).

Der „Insel-Paul“ bei der Fahrt durch die Ortschaft Nebel. Die gummibereifte Inselbahn unternimmt Rundfahrten über ganz Amrum.

Museen, Ausstellungen, historische Gebäude

„Öömrang Hüüs“, Heimatmuseum, Nebel.

Amrumer Windmühle in Nebel, mit kleinem Heimatmuseum. Während der Feriensaison täglich von 11 bis 17 Uhr geöffnet, zeitweise Führungen.

Mehrere Hünengräber mit bronzezeitlichen Bestattungen.

Vogelkoje zwischen Nebel und Norddorf, einst genutzt für den Fang durchziehender Wildenten, heute Brut- und Rastplatz vieler Vögel.

Amrumer St.-Clemens-Kirche in Nebel.

Tonnen- und Segelhafen in Wittdün.

Amrum liegt im Nationalpark Schleswig-Holsteinisches Wattenmeer. Eiderenten und andere Seevögel dürfen deshalb in den Gewässern nicht gestört werden.

Links unten:
Die Küstengewässer vor Amrum sind ein malerisches Segelrevier.

Pellworm

Sofort nach der Ankunft im Hafen werden die auf dem Kutter gekochten Krabben entladen. Die Kundschaft wartet bereits, um frisch gefangene Krabben zu kaufen.

Rechts oben:
Nach einem langen Arbeitstag auf See laufen die bulligen Krabbenkutter im Hafen von Tammensiel ein.

Grüne Insel zwischen Ebbe und Flut

Pellworm liegt etwa ein Meter unter dem mittleren Meeresspiegel und wird durch einen 8 m hohen Deich vor der Nordsee geschützt. Viele Besucher sind Stammgäste. Sie schätzen die Ursprünglichkeit der Insel und das Watt, das Pellworm lückenlos umgibt.

PEL 2 und PEL 21 zieht es nach Hause. Dicht hintereinander rauschen die beiden bulligen Krabbenkutter zügig in den Hafen von Tammensiel. Kurz vor der Mauer am Hafenende röhren die Dieselmotoren auf und bremsen im Rückwärtsgang die Schiffe ab. Ein kurzes Wendemanöver, Taue fliegen an Land und werden festgemacht. Die Männer an Bord freuen sich: jetzt noch den Fang entladen, dann ist endlich Feierabend.
Tammensiel ist der größte Ort der Insel Pellworm. Hier leben die meisten der etwa 1180 Einwohner, hier gibt es die meisten Geschäfte und öffentlichen Einrichtungen, z. B. das Freizeitbad „Pelle Welle". Trotzdem geht es beschaulich zu in Tammensiel, auch in der verkehrsberuhigten „Einkaufsstraße". Die Menschen sind gut gelaunt und freundlich, und das „Moin Moin" der Inselbewohner klingt manchem Urlauber sicher noch nach Wochen in den Ohren.
Dabei hatten die Pellwormer keineswegs immer Grund zur Zufriedenheit. Im Jahr 1634 riss die „Große Manndränke", eine gewaltige Sturmflut, das alte Nordstrand in mehrere Teile und Tausende Menschen in den Tod. Den Pellwormern gelang es zwar, ihren Inselrest zügig mit neuen Deichen zu versehen, aber weitere Sturmfluten in den darauffolgenden Jahrzehnten machten ihre Bemühungen immer wieder zunichte. Die hohen Kosten für den Erhalt ihrer Insel trieben zahlreiche Pellwormer in den Ruin und zwangen sie, ihr Land aufzugeben. Erst nachdem im 19. Jahrhundert die preußische

Regierung den Deich- und Küstenschutz zur Staatsaufgabe erklärt hatte, besserte sich die Situation.

Im Hafen von Tammensiel sind die Fischer mit dem Entladen ihres Fanges fast fertig. Die Kisten mit rotbraunen, auf dem Kutter abgekochten Krabben stapeln sich am Kai. Ein paar Inselgäste haben sich eingefunden und lassen sich Krabben in mitgebrachte Taschen und Tüten füllen. Direktvermarktung am Hafen, nirgendwo sonst erhält man diese Delikatesse so frisch. Leo Brunner, auf Pellworm bekannt als „Fisch-Leo", wartet geduldig, bis er an der Reihe ist. Zusammen mit seiner Frau Gabi betreibt er am Hafen seit 25 Jahren „Leo's Fisch- und Grillimbiss". „Unsere Krabben kommen nicht aus Marokko", sagt er. „Wir puhlen selbst von Hand und verkaufen das Krabbenfleisch am nächsten Tag – garantiert ohne Konservierungsmittel."

Aber Pellworm ist mehr als Krabben und Hafen. Dem Besucher erschließt sich die Insel am besten bei einer Rundreise mit dem Fahrrad. Auf den schmalen Straßen und Wegen gibt es nur wenig Autoverkehr, sodass auch die Jüngsten ungefährdet mitradeln können. Drei auffällige Landmarken weisen dem Radwanderer den Weg: Im Süden erhebt sich weithin sichtbar der rotweiße Leuchtturm über die Wiesen und Weiden, den Nordwesten der Insel markiert die Nordermühle, eine gut erhaltene Holländermühle aus dem 17. Jahrhundert, und im äußersten Westen ragt die Turmruine der Alten Kirche St. Salvator in den Himmel. Unterwegs zu diesen „Highlights" gibt es vieles zu entdecken: Traditionelle, reetgedeckte Bauerngehöfte auf ihren Warften, wunderschöne Friesenhäuser mit blühenden Vorgärten und vor allem die weite Landschaft, in der vielerorts die Zeit stehengeblieben zu sein scheint. Die Kühe auf den Fennen sehen aus, als seien sie wirklich glücklich, und die Deiche sind von Schafen und Lämmern bevölkert. Überall riecht, fühlt und schmeckt man das Wattenmeer, das die Insel nahtlos umgibt, und die Rufe der Austernfischer, Säbelschnäbler und Rotschenkel begleiten den Wanderer auf Schritt und Tritt.

Hunderte von Schafen weiden auf dem Deichvorland am Bupheverkoog. Die Windkraftanlagen zeugen vom Bestreben Pellworms, sich mit Energie aus Wind, Sonne und Biomasse von fossilen Brennstoffen unabhängig zu machen.

41 Meter hoch ist der Leuchtturm von Pellworm und Heimat des höchsten Standesamts im Norden. Fast 2300 Paare haben hier während der letzten zehn Jahre den Bund fürs Leben geschlossen.

An den Badestellen stehen die Strandkörbe auf dem grünen Rasen des Deichfußes. Ein paar Meter weiter beginnt das Wattenmeer mit dem stetigen Wechsel der Gezeiten: Wo es sich am Vormittag so herrlich im Wasser der Nordsee baden lässt, dort breitet sich am Nachmittag die endlose Weite des Watts aus und lädt ein, diesen geheimnisvollen Lebensraum mit nackten Beinen zu durchwandern. Es ist vor allem die Ursprünglichkeit, die viele Besucher an Pellworm so lieben, dass sie über Jahre hinweg immer wieder zurückkehren.
In „Leo's Fischimbiss" herrscht inzwischen Hochbetrieb. Leo zapft Bier, seine Frau bereitet „Porrenpann" zu, Krabben in Petersiliensoße. Vor 33 Jahren kam „Fisch-Leo" als 25-Jähriger aus Mittelfranken nach Pellworm. „Zurück aufs Festland? Nein, das kann ich mir nicht vorstellen." Er blickt zufrieden über den Hafen; auf einem der bunten Kutter hat er vor Jahren selbst gearbeitet. „Wir haben hier auf Pellworm einen netten Spruch", meint er zum Abschied: „Einmal Pellworm – immer Pellworm."

Ihr Weg nach Pellworm

Mit Bahn und Schiff

Mit dem Zug bis Husum. Bahnreisende können durchgehende Fahrkarten Bahn-Bus-Fähre an jeder DB-Fahrkartenverkaufsstelle lösen. Vom Bahnhof aus verkehren Zubringerbusse zum Hafen Strucklahnungshörn/Nordstrand. Der Bus hält in Strucklahnungshörn direkt an der Fähre, die bei Busverspätung wartet.
Vom Hafen Strucklahnungshörn 5–6 mal täglich mit der MS „Pellworm I" nach Pellworm und zurück. Vom Tiefwasseranleger auf Pellworm aus verkeh-

Friesenhäuser mit liebevoll gepflegten Vorgärten bestimmen das Bild der kleinen Siedlungen auf Pellworm.

ren regelmäßig Busse der Neuen Pellwormer Dampfschifffahrtsgesellschaft (NPDG) nach Tammensiel und zu fast allen anderen Orten auf der Insel.

Mit Auto und Schiff
Von Husum aus sind es nur wenige Kilometer nach Nordstrand. Dort den Hinweisschildern zum Fährhafen Strucklahnungshörn folgen. Am Hafen gibt es einen großen (kostenpflichtigen) Parkplatz für die Inselbesucher. Fährplatz für das Auto bitte frühzeitig buchen.

Tipps für die Zeit auf Pellworm

Informationen und Buchung:
Kur- und Tourismusservice
Pellworm
Uthlandestr. 2
25849 Pellworm
www.pellworm.de

Was tun auf Pellworm?
Bummeln durch Tammensiel und den Hafen, Erkunden der Insel mit dem Auto, dem Fahrrad oder zu Fuß. Inselrundfahrten mit dem Bus: NPDG.

Baden, Sonnen, Spazierengehen oder Faulenzen an den „grünen" Stränden der Insel.
Es gibt fünf ausgewiesene Fahrrad-Rundwege, aber auch alle anderen Wege und Straßen sind für Radwanderungen geeignet. Umrundung der Insel auf dem asphaltierten Außendeich, 25 km am Wasser entlang. Geführte Radwanderungen. Fahrradverleih in Tammensiel, Ütermarkermitteldeich und Tilli.
Inlineskating auf den asphaltierten Wegen. Jeweils im Juni und August wird eine Lern- und Tourenwoche angeboten.
Attraktive Nordic-Walking Routen. Jährlich drei Lehrgänge.
Reiten: Vom Leuchtturm aus ins Watt: „Wattreiterhof Pellworm", Britta Herbst (www.wattreiten-wanderreiten.de); „Appelhof", Matthias Sielaff und Meike Ruppertz (www.wattreiten.de).
Pellwormer Freizeitbad „Pelle Welle" in Tammensiel. Beheiz-

An den „grünen Stränden" Pellworms am Wattenmeer stehen die Strandkörbe auf dem Rasen des Deichfußes.

Die 29 Meter hohe Turmruine der Alten Kirche St. Salvator im Westen Pellworms ist heute das Wahrzeichen der Insel.

Zuverlässig schützt der mächtige Deich die Inselbewohner vor Sturm und Flut. Die Schafe leisten ihren Beitrag zum Küstenschutz, indem sie das Gras kurz und dicht halten und den Deichboden verfestigen.

tes Becken mit Gegenstromanlage, Whirlpool, 62 m lange Wasserrutsche, Solarium, Saunen (www.pelle-welle-freizeitbad.de).
Kur- und Gesundheitszentrum mit vielfältigem Wellness-Angebot (www.kurgesundheitszentrum-pellworm.de).
Wattwanderungen, u. a. zu den Halligen Süderoog und Hooge. Termine im Veranstaltungskalender auf www.pellworm.de.
Romantische Inselkutschfahrten.
Jeden Sommer Pellwormer Hafenfest: Buntes Programm für Jung und Alt.
Vogelkundliche Ausflüge, naturkundliche Wattwanderungen, meeresbiologische Kutterfahrten. Schutzstation Wattenmeer.
Schiffsfahrten zu den Seehundsbänken und zu den Halligen Gröde, Nordstrandischmoor, Oland und Südfall, naturkundlicher Seetier- und Krabbenfang.

Pellworm für Kinder
Pellwormer Kinderpass: für Kinder bis 12 Jahre, viele Überraschungen und Vergünstigungen. Erhältlich beim Kur- und Tourismusservice.
Pellwormer „Kinnerstuv": Betreuung drei- bis siebenjähriger Kinder. April bis Oktober.
Piratenfahrten mit der MS „Nordfriesland", NPDG.
Ponyreiten bei Silke Both-Hansen, Seegarden 1 oder auf dem Appelhof, Schulstraße 9.

Museen, Ausstellungen, historische Gebäude
Leuchtturm Pellworm, Besichtigung nach Absprache.
Hybridkraftwerk der E.ON-Hanse. Informationszentrum mit Caféteria am Solarfeld bei Tammensiel.
Nordermühle. Zwickstellholländer-Mühle aus dem Jahr 1652. Schön gelegen direkt hinter dem Deich.
Schifffahrtsmuseum Pellworm, Ausstellung „Seefahrt tut Not". Täglich geöffnet.
Rungholtmuseum Bahnsen, „Kulturfunde aus dem Wattenmeer", Westerschütting 2.
Inselmuseum in der Tourist-Information.
Informations- und Erlebniszentrum der Schutzstation Wattenmeer, Osterschütting.
Alte Kirche St. Salvator, erbaut um 1200. Die Ruine des alten Kirchturms ist das Wahrzeichen Pellworms. Arp-Schnitger-Orgel aus dem Jahre 1711, Klappflügelaltar aus dem 15. Jahrhundert und Bronzetaufe von 1475. Täglich geöffnet.

Nordstrand

Das grüne Herz des Wattenmeers

Über Jahrhunderte bedrohten Stürme und Fluten das Leben der Menschen auf der Insel Nordstrand. Heute steht das Nordsee-Heilbad für Erholung abseits der großen Touristenströme. Über einen 4 km langen Straßendamm ist Nordstrand vom Festland aus leicht zu erreichen.

Nach Norden streift der Blick übers blaue Meer. Weit draußen liegen wie eine Flotte ankernder Schiffe die Warften der Hallig Nordstrandischmoor. Im Süden leuchtet das satte Grün ausgedehnter Wiesen und Felder, aus denen hier und da ein Bauerngehöft herausragt. Und nach Osten und Westen erstreckt sich der Deich. Tausende Schafe weiden hier, ausgelassen spielen die Lämmer zwischen ihren Müttern.

Ein Bild des Friedens und der Ruhe. Ein Eindruck, der vergessen lässt, welch gewaltige Naturereignisse diese Landschaft in den vergangenen Jahrhunderten immer wieder dramatisch veränderten. Noch im 10. Jahrhundert verlief die Grenze zwischen Meer und Land weit draußen. Eine verheerende Sturmflut im Jahr 1362 zerriss die Küstenlinie, und zurück blieben die große Insel Strand und zahlreiche Halligen. Auch der geheimnisvolle Hafenort Rungholt wurde damals vom Meer verschlungen: Tausende sollen alleine dort ertrunken sein, und noch heute, so erzählt die Sage, erklingen die Kirchenglocken Rungholts, wenn die Flut sie bewegt.

Im Oktober 1634 peitschte erneut ein gewaltiger Sturm über die Westküste. Große Teile der Insel Strand wurden ins Meer gerissen. Zurück blieben nur die Inselreste Nordstrand und Pellworm und ein paar Halligen. Mehr als 6000 Menschen und 50 000 Stück Vieh fielen dem Unwetter zum Opfer. Auch in den folgenden Jahrhunderten spielten Sturmfluten den Menschen auf Nordstrand übel mit. Erst nach zahlreichen Rückschlägen gelang es ihnen, ihre Insel mit Deichen dauerhaft zu sichern. Heute hat Nordstrand einen starken Deich, der auch den heftigsten Stürmen Paroli bietet. Seit 1935 verbindet ein Straßendamm Nordstrand mit dem Festland. Trotzdem hat das Eiland nichts von seinem Insel-Charme verloren.

Sturmmöwen sind allgegenwärtig auf der Insel und über dem Wattenmeer.

Der Hafen Strucklahnungshörn im äußersten Westen Nordstrands ist Ausgangspunkt für die Fährpassage nach Pellworm und für Schiffsausflüge ins Wattenmeer und zu den Halligen.

Urlaub auf Nordstrand abseits vom Gedränge auf dem „grünen Strand" am Wattenmeer bei Fuhlehörn – Schwimmen, Sonnenbaden oder Spaziergänge auf dem Deich. Hier findet jeder seinen Lieblingsplatz.

Rechts:
Weithin sichtbar ragt die Holländermühle „Glück zu" über den Ort Süderhafen.

Der generationenlange Kampf gegen den „Blanken Hans" hat die Menschen auf Nordstrand geprägt. Selbstbewusst sind sie und stolz. „Lewer duad üs Slav!", „Lieber tot als Sklave": Der Wahlspruch der Nordfriesen aus der Ballade „Pidder Lüng" weht auch heute noch auf mancher Fahne über der Insel. Ihren Gästen gegenüber sind die Insulaner freundlich und liebenswert. Nicht wenige Urlauber verbringen ihre Abende im Kreise alteingesessener Nordstrander, und bei Köm und Bier entstehen Freundschaften, die manchmal ein Leben lang halten.

Badewetter. Weiße Wölkchen ziehen über den blauen Himmel, und die leichte Brise duftet nach Algen und Meer. Auf dem grünen Deichfuß am Strand von Fuhlehörn stehen die Strandkörbe, ein paar Meter weiter plätschern die Wellen der Nordsee. Ganz in der Nähe haben zwei Pferdegespanne Halt gemacht. Auf den Kutschwagen steht in großen Lettern „Wattenfahrt zur Hallig Südfall". Eine Gruppe abenteuerlustiger Urlauber wartet bereits, die Kutscher helfen den Fahrgästen über die wackligen Stufen auf die Wagen. Minuten später beginnt die ungewöhnli-

Die alt-katholische Kirche „St. Theresia“ in Osterdeich wurde 1662 erbaut. Heute steht der „Inseldom“ unter Denkmalschutz.

che Reise zu der Hallig, die am Horizont in der flimmernden Luft nur schemenhaft zu sehen ist. Die Pferde ziehen die Wagen hinaus ins Watt. Wasser spritzt von den Hufen, im Trab entfernen sich die Gespanne und werden schnell kleiner in der endlosen Weite.

Wer Nordstrand mit allen Sinnen erleben will, der steigt aufs Fahrrad. Viel gibt es zu entdecken auf der Tour durch die Köge und entlang des Deiches. Im verschlafenen Süderhafen dümpeln ein paar Segelboote. Die meisten gehören Gastseglern, denen die Holländermühle „Glück zu“ schon von Weitem den Weg zum idyllischen Liegeplatz gewiesen hat. Im kleinen Ort Süden lohnt ein Besuch in der „Nordstrander Töpferei“. Der gemütlich eingerichtete Laden ist angefüllt mit traditionsreicher Keramik für den täglichen Gebrauch. Hier kann man den Töpfern bei der Arbeit über die Schulter schauen und nach Lust und Laune stöbern. „Möchten Sie einen Tee?“ Kaum einer der Gäste kann dem freundlichen Angebot widerstehen.

Naturfreunde zieht es in den Norden der Insel. Mit Ferngläsern und Spektiven beobachten sie die zahllosen Vögel, die sich auf den Wasserflächen des Beltringharder Koogs versammelt haben. Anderen Feriengästen steht der Sinn eher nach kulinarischen Erlebnissen. Die Deichterrasse des Restaurants „Zur Nordsee“ im idyllischen Örtchen Norderhafen ist voll besetzt. Auf dem großen Grill brutzeln die Steaks, und das Bier ist gut gekühlt. Fast nirgendwo sonst an der Nordseeküste lässt sich in solch exponierter Lage schlemmen, mit freiem Blick aufs Meer und die Halligen.

In der „Nordstrander Töpferei“ in der Ortschaft Süden wird traditionsreiche Gebrauchskeramik nach dem Vorbild historischer Funde aus dem Watt hergestellt.

Die Fahrt mit der Pferdekutsche von Fuhlehörn aus durchs Watt zur Hallig Südfall ist ein einzigartiges Naturerlebnis. Frühzeitige Anmeldung ist erforderlich, da nur eine begrenzte Zahl von Besuchern die winzige Hallig im Nationalpark betreten darf.

Ihr Weg nach Nordstrand

Mit der Bahn
Mit dem Zug bis zum Bahnhof Husum. Vom Bahnhofsvorplatz verkehren 7 bis 10 Busse täglich nach Nordstrand.

Mit dem Auto
Von Husum aus den Wegweisern nach Nordstrand folgen (ca. 18 km bis zum zentralen Ort Süden).

Tipps für Ihren Aufenthalt auf Nordstrand

Informationen und Buchung:
Kurverwaltung Nordstrand
Schulweg 4
25845 Nordstrand
www.nordstrand.de

Was tun auf Nordstrand?
Erkunden der Insel mit dem Auto, dem Fahrrad oder zu Fuß. Mehrmals täglich Busverbindungen auf der Insel.

Radwanderungen: Ein Netz von asphaltierten Radwegen, kleinen Nebenstraßen und teilweise unbefestigten Deichwegen erschließt die Insel und ermöglicht es, alle Inselorte und Sehenswürdigkeiten zu erreichen. Detaillierte Radwanderkarte mit 7 Radwegen, die auch zu größeren Touren kombiniert werden können.
Inline-Skating auf den asphaltierten Wegen.
Nordic-Walking: Attraktive Routen, auch auf dem Deich.
Reiten: Ponyreiten auf einigen Bauernhöfen.
Schwimmbad: Badespaß für die ganze Familie: Warmwasser-Sprudelbad, Sole-Kaltbad, Sauna, Wassergymnastik.
Gesundheits- und Therapiezentrum im Kurmittelhaus Nordstrand: Krankengymnastik, Massage, Schlingentischbehandlung, Segmenttherapie, Inhalationen usw. Schwimmbad, Sauna. Verschiedene Wellness-Angebote, z. B. Regenera-

Im Gasthaus „Pharisäerhof" soll im Jahr 1872 der „Pharisäer" entstanden sein, das Nationalgetränk der Nordstrander aus Kaffee, Rum und Schlagsahne.

tionskuren, Harmoniemassagen, Shiatsu, Aromaöl- und Salzölbäder, Cleopatrabad.
Wattwanderungen: Schutzstation Wattenmeer, Herrendeich 40.
Kutschfahrten zur Hallig Südfall: ab Strand Fuhlehörn. Abfahrten siehe Service-Teil, S. 60–61.
Vogelkundliche Exkursionen am Holmer Siel (Beltringharder Koog), Salzwiesenführungen, vogelkundliche Radtouren ab Süderhafen. Schutzstation Wattenmeer, Herrendeich 40.
Veranstaltungen: Informationen bei der Kurverwaltung oder unter www.nordstrand.de.
Kunsthandwerk: Nordstrander Töpferei, Süden 44 (www.nordstrander-toepferei.de). Süderhafen Töpferei: Tegelistraat 22 (www.suederhafentoepferei.de).
Schiffsausflüge: Inseln Sylt und Amrum, Halligen Hooge, Langeneß, Nordstrandischmoor und Gröde, Besuch der Seehundsbänke, Seetierfang, Piratenfahrt (Adler-Schiffe), Fähre nach Pellworm (NPDG).

Nordstrand für Kinder
Kindernachmittag im Nordstrander Schwimmbad (Juni bis September).
Zwergenkino im Foyer des Schwimmbads (Mo bis Sa).
Piratenfahrten mit der MS „Adler V".

Museen, Info-Zentren, historische Gebäude
Holländermühle „Glück zu". Kleines Mühlenmuseum. Süderhafen 15.
Vogelkoje im Alten Koog. Historische Entenfanganlage. Geöffnet 15. Mai bis 31. Okt., mit Einführung im Kojenhaus.
Nationalpark-Informationszentrum. Geöffnet Ostern bis 6. Januar. Am Kurhaus 27 a.
Nordstrander Heimatmuseum, Süden 44.
Bauernmarkt im Pharisäerhof, Elisabeth-Sophien-Koog 3. Hier entstand 1872 der „Pharisäer".
Kirchen: Ev. Kirche „St. Vinzenz", Odenbüll. Kath. Kirche „St. Knut", Herrendeich 2. Altkath. Kirche „St. Theresia", Osterdeich 1.

Vorzüglich Essen und Trinken auf Nordstrand mit freiem Blick aufs Wattenmeer – auf den Deichterrassen der Restaurants in Norderhafen ist das möglich.

Hallig Hooge

Hinter dem Priel erhebt sich die Backenswarft aus der tischebenen Halliglandschaft von Hooge. Links von der Warft ist in der Ferne der Anleger der Ausflugsschiffe zu erkennen.

Unverkennbar mit ihrem schwarz-weißen Gefieder und dem leuchtend roten Schnabel: Austernfischer gehören zu den auffälligsten Vögeln auf Hallig Hooge.

Die „Königin der Halligen"

„Klack, klack, klack, klack, ..." Hufeklappern statt Motorenlärm, Möwengeschrei statt Großstadtgetöse. Mit schnellen Schritten, als würden die 20 Passagiere nichts wiegen, ziehen die beiden stämmigen Pferde den bunten Planwagen über den schmalen Asphaltweg. Entspannt sitzt Mitana Schröder auf dem Kutschbock, routiniert dirigiert sie die großen Tiere mit sparsamen Handbewegungen, lobt sie oder spornt sie mit kurzen Sätzen an. Nur wenige Minuten dauert die Fahrt vom Schiffsanleger zur Hanswarft, dem touristischen Zentrum von Hallig Hooge.

Für viele der Passagiere auf Mitanas Pferdekutsche ist dies der erste Besuch auf einer Hallig. Staunend blicken sie auf die Warft, diesen von Menschenhand aufgeschütteten Hügel, der aus der flachen Weite der 570 Hektar großen Hallig herausragt und auf dem sich die Häuser eng aneinanderdrängen. Neun Warften gibt es auf Hallig Hooge, etwa 110 Menschen leben und arbeiten in dieser eigenartigen Welt mitten im Nationalpark Schleswig-Holsteinisches Wattenmeer. Eine Insel ist Hallig Hooge trotzdem nicht. Inseln bleiben normalerweise vom Hochwasser verschont. Halligen dagegen werden regelmäßig überflutet, und nur die Warften bieten bei „Landunter" den Bewohnern Schutz vor dem „Blanken Hans".

Wie es bei „Landunter" oder sogar in einem ausgewachsenen Orkan wirklich auf der Hallig zugeht, das erfahren die Besucher im „Sturmflutkino" auf der Hanswarft. In dem liebenswert improvisierten Raum zeigt ein Amateurfilm in beeindruckenden Bildern den Kampf der Halligbewohner gegen die Naturgewalten. Autos, das Weidevieh und die landwirtschaftlichen Maschinen, alles wird auf

den Warften in Sicherheit gebracht, gerade rechtzeitig, bevor die aufgewühlte See dicht vor den Türen der Häuser tobt.
Aber heute bleibt das Wetter ruhig. In den Restaurants und Cafés im Zentrum der Hanswarft stärken sich die Tagesgäste für das, was sie hier sonst noch erwartet. Der berühmte Königspesel zum Beispiel, die kostbar ausgestattete „Gute Stube“ eines alten Kapitänshauses, in der im Jahr 1825 König Friedrich VI. von Dänemark eine Nacht verbrachte. Oder das Infozentrum der Schutzstation Wattenmeer und das Heimatmuseum, das die Geschichte Hooges dokumentiert. Auch auf den anderen Warften gibt es Interessantes zu entdecken: Der Boden der Halligkirche aus dem 17. Jahrhundert besteht aus Sand und Muscheln, damit nach Sturmfluten das Wasser schnell versickern kann.
Mehrmals täglich legen Schiffe vom Festland oder den benachbarten Inseln auf Hooge an. Wenn am Abend die durchschnittlich 400 Tagesgäste wieder abgereist sind, wird es ruhig auf der Hallig. Wer sich für einen mehrtägigen Urlaub auf Hooge in einer der zahlreichen Ferienwohnungen einquartiert hat, der erlebt jetzt das echte Hallig-Feeling, die ungestörte Natur und Abgeschiedenheit dieser weltweit einzigartigen Landschaft.
Die Halligbewohner sind ein besonderer Menschenschlag, geprägt von der ständigen Auseinandersetzung mit einer übermächtigen Natur. Auch viele der Saisonarbeiter, die hier ihr Geld verdienen, lieben die Herausforderung. Die Kutscherin Mitana, gebürtig aus Frankfurt an der Oder, arbeitet schon zum vierten Mal auf der Hallig, jeweils von Ostern bis Ende Oktober. Während sie die Pferde versorgt, erzählt sie, was sie seit Jahren nach Hooge zieht: „Ich bin eher ein Abenteurertyp, die Hallig hat schon ihren besonderen Reiz für mich. Und die Ar-

Nach Ankunft der Ausflugsschiffe auf Hallig Hooge herrscht Hochbetrieb in den Gaststätten im Zentrum der Hanswarft.

Links:
Der „Königspesel“ auf der Hanswarft, die typische „Gute Stube“ eines alten Kapitänshauses, dient heute als ein kleines Museum. König Friedrich VI. von Dänemark hat hier im Jahr 1825 eine Nacht verbracht.

Blick vom kleinen Hafen der Hallig Hooge auf die Backenswarft.

beit mit den Pferden, den ganzen Tag über im Freien, das macht mir viel Spaß." Und dann schwärmt Mitana von der spektakulären Natur, den grandiosen Sonnenuntergängen und den Nebelschwaden, die am frühen Morgen aus den Wiesen aufsteigen.

Ihr Weg auf die Hallig Hooge

Mit Bahn und Schiff

Mit dem Zug bis Husum. Vom Bahnhofsvorplatz verkehren während der Hauptsaison mehrmals täglich Zubringerbusse zu den Fährhäfen Schlüttsiel und Strucklahnungshörn/Nordstrand.

Von Schlüttsiel zweimal täglich mit der MS „Hilligenlei I" der Wyker Dampfschiffs-Reederei nach Hooge (Fahrzeit 1 Stunde) und zurück.

Von Schlüttsiel mit der MS „Seeadler" der Hallig-Reederei Heinrich von Holdt 2–3 mal täglich nach Hooge und zurück. Auch als Ausflugsfahrten mit Seetierfang und Besuch der Seehundsbänke.

Von Schlüttsiel mit der Halligreederei MS „Hauke Haien" zweimal täglich nach Hooge und zurück (Vorbeifahrt an Seehundsbänken, 4 Stunden Aufenthalt auf Hooge).

Von Strucklahnungshörn/Nordstrand zweimal täglich mit der „Adler-Express" nach Hooge und zurück.

Auch von Sylt und Amrum bestehen regelmäßige Schiffsverbindungen nach Hallig Hooge mit den Schiffen der W. D. R.

Mit Auto und Schiff

An den Häfen Schlüttsiel und Strucklahnungshörn/Nordstrand gibt es große Parkplätze für die Insel- und Halligbesucher. Weiterfahrt mit den oben genannten Schiffen. Gästeautos sind auf Hooge nicht erwünscht.

Bis zu 50 000 Ringelgänse suchen alljährlich im Frühjahr die nordfriesischen Halligen auf und bevölkern dann auch Hallig Hooge. Die Vögel fressen sich hier Fettreserven an für den 5000 km langen Flug in ihre Brutgebiete an der Eismeerküste.

Im Planwagen über die Hallig Hooge. Wer nicht zu Fuß oder mit einem der Mietfahrräder das Eiland erkunden will, für den ist die Pferdekutsche eine bequeme Alternative.

Tipps für Ihren Aufenthalt auf Hallig Hooge

Informationen und Buchung:
Touristikbüro Hallig Hooge
Hanswarft 1
25859 Hallig Hooge
www.hooge.de

Was tun auf Hooge?
Vor allem eines: Natur erleben, Stille genießen, die Seele baumeln lassen. Die meisten Tagesgäste halten sich nahe der Hanswarft auf. Wer nur zehn Minuten weit wandert, ist fern jeder Alltags-Hektik.
Die Hanswarft erforschen: Hier gibt es mehrere Museen, z. B. den Königspesel, das älteste Privatmuseum Schleswig-Holsteins.
Spaziergänge, Radtouren und Inline-Skating.
Eine Hallig-Karte gibt es im Touristikbüro. Fahrradvermietung am Schiffsanleger.
Fahrten mit der Pferdekutsche zur Hanswarft, Backenswarft und Kirchwarft. Kutschen am Schiffsanleger.
Geführte Wattwanderungen, naturkundliche und ornithologische Führungen (Schutzstation Wattenmeer).
Alljährlich im Mai rasten riesige Schwärme von arktischen Ringelgänsen auf Hooge und den anderen Halligen: „Ringelganstage“ (eine Woche) mit umfangreichem Programm.
Baden: Unbewachte Badeplätze gibt es rund um die Hallig, teilweise mit Duschen, Bänken, Spielgeräten und Toilettenwagen. Vermietung von Strandkörben im Touristikbüro.
Feste: Biikebrennen am 21. Februar, Trachtensommer, Seglerfest, Pfingstfete.

Museen, Ausstellungen, historische Gebäude
Erlebniszentrum „Mensch und Watt“ der Schutzstation Wattenmeer, Hanswarft (www.schutzstation-wattenmeer.de).
Königspesel, Hanswarft: täglich nach Ankunft der Schiffe geöffnet.
Kirchwarft mit der Johanniskirche und dem Halligfriedhof.
Sturmflutkino, Hanswarft (www.sturmflutkino.de).

Die Reste alter Lahnungen sind die einzigen auffälligen Strukturen im endlosen Watt bei Langeneß.

Hallig Langeness

Grüne Marschen, blaue Priele und ab und zu ein Bauerngehöft auf seiner Warft. Wer ungestörtes Naturerleben sucht, der ist von Hallig Langeneß begeistert.

Ruhe, Einsamkeit und Natur pur

Langeneß ist mit zehn Kilometern Länge die größte der nordfriesischen Halligen. Sie ist ein Eldorado für Naturfreunde und für Individualisten, die das Besondere suchen: Abgeschiedenheit, Ruhe und Zeit zur Selbstbesinnung.

Die Schienen sind rotbraun verkrustet, gezeichnet vom Salzwasser der Nordsee. Der niedrige Damm, auf dem sie hinaus ins Meer führen, besteht aus grob behauenen Feldsteinen. Rechts und links erstreckt sich das Watt, so weit das Auge reicht. Am Ende der rostigen Eisenstränge, zwei Kilometer entfernt, wabern in der heißen Sommerluft die Umrisse der Hallig Oland. Ratternd nähert sich von dort ein eigenartiges Schienenfahrzeug, eher eine Kiste auf Rädern. Der graubärtige Steuermann, ein Wikinger wie aus dem Bilderbuch, hat den Gashebel fest im Griff. Zum „Lorenbahnhof" der Hallig Langeneß sind es nur noch ein paar Minuten.
Vor etwa 80 Jahren wurden die Halligen Langeneß und Oland durch einen Lorendamm mit dem Hafen Dagebüll verbunden. Endlich gab es für Menschen und Frachten eine halbwegs zuverlässige Verbindung zum Festland. Anfangs bewegten große Segel die Loren über die Schienen, später machte man sich mit Motorkraft vom Wind unabhängig. Auch heute noch wird der Schienenweg durchs Wattenmeer rege genutzt. „Deutsche Post" steht auf einem der kuriosen Fahrzeuge am Lorenplatz von Langeneß. Fiede Nissen, Deutsch-

Rückkehr vom Festland und Ankunft mit der Lore am „Lorenbahnhof" auf Langeneß

lands einziger Postschiffer, versorgt mit seiner „Postlore" die Bewohner Olands pünktlich mit Briefen und Paketen.

Nicht mehr als 100 Gäste täglich bringt die MS „Hilligenlei I" während der Saison nach Langeneß. Auf der kleinen Fähre geht es beschaulich zu. Viele Fahrgäste stehen mit Ferngläsern vor den Augen an der Reling und staunen über die 18 bewohnten Warften, die vor ihnen weit auseinandergezogen aus dem Wattenmeer ragen. Als sie dann am Anleger nahe der Rixwarf das Schiff verlassen, tauchen sie ein in eine fremde Welt. Nichts erinnert hier an die Geschäftigkeit anderer Häfen. Das blaue Meer, grüne Wiesen und die Schreie der Seevögel betören die Sinne. Ganz im Westen, nahe dem Fähranleger, befindet sich die einzige Gaststätte, am Ostende der Hallig, fast 10 km entfernt, gibt es den einzigen Kaufmannsladen. Geografischer und touristischer Mittelpunkt von Langeneß ist die Ketelswarf mit zwei Museen, einem gemütlichen Café und dem Tourismusbüro. Die grüne Welt zwischen den Warften gehört den Vögeln.

„Das Besondere an Langeneß sind die Ruhe, die Einsamkeit und die großartige Natur. Und natürlich sind unsere Gäste auch interessiert, zu erfahren, wie man an einem solchen Ort wirklich lebt." Renate Boysen, 38 Jahre alt, arbeitet im Touris-

Links unten:
Mitten durchs Wattenmeer führt der Lorendamm und verbindet Langeneß mit der Hallig Oland, die rechts am Horizont zu erkennen ist. Von dort aus geht's weiter auf dem Damm nach Dagebüll an der Festlandküste. Anfangs wurden die Loren durch Segel vorangetrieben, heute fahren sie mit Motorkraft.

Im Wattenmeer vor Langeneß werden Muschelsammler schnell fündig.

Die Ketelswarf ist der touristische Mittelpunkt der Hallig. Hier befindet sich das Tourismusbüro und es gibt ein Café und zwei kleine Museen. Die Bockmühle und eine Segellore am Rande der Warft sind Nachbauten historischer Originale.

Der Rotschenkel gehört zu den häufigsten Brutvögeln auf den Wiesen und Weiden der Hallig.

musbüro auf der Ketelswarf. Seit 16 Jahren wohnt sie auf der Hallig, und auch sie hat sich mit dem Leben hier arrangiert. „Die Gemeinschaft, der Zusammenhalt der Menschen auf Langeneß ist großartig. Manches ist aber auch schwieriger als auf dem Festland. Zum Beispiel, wenn man krank wird. Zum Glück haben wir unsere Gemeindepflegerin. Sie ist Krankenschwester, und im Notfall ruft sie den Hubschrauber oder das Rettungsboot."

Unterhalb der Peterswarf zieht sich ein kleiner Bachlauf durch die Wiesen. An seinem Ufer sitzen ein paar junge Leute im Gras, aufmerksam lauschen sie den Erläuterungen des Naturschützers vom Wattenmeerhaus Langeneß. Sie erfahren, warum die Pflanzen hier salzig schmecken, wo die Küstenseeschwalben ihre Jungen aufziehen und wie das Wattenmeer dafür sorgt, dass viele Fischarten in der Nordsee überleben können. Dann marschiert die kleine Gruppe los in Richtung Watt, am Nachmittag steht noch eine Vogelzählung an. Eine Klassenreise der besonderen Art, ohne Disco und Rummel, aber trotzdem aufregend und interessant.

Langeneß – ein Sommerparadies. Renate Boysen kennt aber auch die andere Seite der Hallig. Den Herbst und Winter, wenn Stürme das Meer auf das tief gelegene Land peitschen und schließlich nur noch die Warften aus den Fluten ragen. „Etwa 20 Mal im Jahr haben wir hier Landunter. Man gewöhnt sich daran, dass man

dann ein bis zwei Tage lang nicht mehr vom Haus wegkommt. Manchmal kommt's schlimmer, dann werden die Türen mit Schotten und Sandsäcken gesichert." Einmal war Renate Boysen eine ganze Woche lang vom Wasser eingeschlossen. „Nach fünf Tagen habe ich begonnen, Torten zu backen, weil mir nichts Sinnvolleres mehr einfiel. Da spürt man dann, dass die Natur stärker ist." Aber vielleicht ist es gerade das, was den Reiz der Halligen ausmacht.

Ihr Weg auf die Hallig Langeness

Mit Bahn und Schiff

Mit dem Zug bis Husum. Vom Bahnhofsvorplatz verkehren während der Hauptsaison mehrmals täglich Busse zu den Fährhäfen Schlüttsiel und Strucklahnungshörn/Nordstrand.

Von Schlüttsiel während der Saison zweimal täglich mit der MS „Hilligenlei I" der Wyker Dampfschiffs-Reederei nach Langeneß (Fahrzeit 90 Minuten) und zurück.

Ausflugsfahrten von Schlüttsiel mit der MS „Rungholt" nach Langeneß und zurück, mit Aufenthalt und Besuch der Seehundsbänke. Dauer ca. 6 Stunden.

Ausflugsfahrten von Strucklahnungshörn/Nordstrand mit der „Adler-Express" nach Langeneß, teilweise auch als Kombireise mit Halligrundfahrt, Museumsbesuch, Grillparty und Orgelkonzert in der Halligkirche.

Auch von Sylt und Amrum bestehen Schiffsverbindungen zur Hallig Langeneß.

Mit Auto und Schiff

Direkt an den Häfen Schlüttsiel und Strucklahnungshörn (kostenpflichtige) Parkplätze für die Insel- und Halligbesucher. Weiterfahrt mit den oben genannten Schiffen.

Automitnahme nur mit der Wyker Dampfschiffs-Reederei ab Schlüttsiel. Fährplatz bitte frühzeitig buchen. Auf Langeneß gibt es keine Tankstelle und keine Werkstatt!

Die Fähre „Hilligenlei I" früh morgens am Anleger bei der Rixwarf. Sie bringt nicht nur die Urlaubsgäste auf die Hallig, sondern befördert auch Lebensmittel, Vieh und alles andere, was auf der Hallig gebraucht wird oder aufs Festland transportiert werden muss.

Auf der Ketelswarf mag man es traditionell. Fast alle Häuser ducken sich hier auch heute noch unter ihre mächtigen Reetdächer.

Nur selten verirren sich Gastboote in den einfachen Sportboothafen Osterwehl.

Der Klatschmohn und andere Blumen tauchen die üppigen Vorgärten auf der Ketelswarf in ein Meer aus Farben.

Tipps für Ihren Aufenthalt auf Hallig Langeness

Informationen und Buchung:
Tourismusbüro der Halligen Langeneß und Oland
Ketelswarf 3
25863 Hallig Langeneß
www.langeness.de

Was tun auf Langeneß?
Besuch des Nationalpark-Infozentrums auf der Rixwarf und Spaziergang zum nahegelegenen Gasthaus „Hilligenley". Fahrt mit Leihfahrrad zur Ketelswarf (5 km), Einkehr in „Inke's Café", weiter zur Kirche (2 km) und Honkenswarf (Friesenstube, Museum) und zurück zum Fähranleger (7 km).
Baden: 9 Badestellen, meist mit Dusche, und 7 Strandtreppen.
Fahrradtouren über die Hallig. Fahrradverleih direkt am Fähranleger.
Rundfahrt mit dem „Hallig-Express" (Unimog mit großem Anhänger), nur für Gruppen.
Wanderung durch das Watt entlang dem Lorendamm zur Hallig Oland mit ihren vielen bunten Blumengärten (4 km).
Reguläre Lorenfahrten nach Oland werden nicht angeboten, aber vielleicht nimmt Ihr Vermieter Sie mit, wenn er ohnehin dort zu tun hat.
Ausflugsfahrten mit Seetierfang und Besuch der Seehundsbänke mit der MS „Rungholt".
Reiten: Ponyhof Süderhörn, Reiterferien für Kinder und Jugendliche von 7–18 Jahren.

Museen, Ausstellungen, historische Gebäude
Kapitän-Tadsen-Museum, Ketelswarf. Einblick in das Leben auf der Hallig während der letzten Jahrhunderte. Öffnungszeiten: Osterferien bis 31. Oktober, Führungen.
Gertsen-Haus, Ketelswarf. Seefahrerhaus von 1725. Ausstellung über das Fünfmast-Vollschiff „Preußen" und über die historische Salzgewinnung im Wattenmeer. Geöffnet Osterferien bis 31. Oktober.
Friesenstube, Honkenswarf, in historischem Hallig-Bauernhaus. Ganzjährig geöffnet, Führungen.
Wattenmeerhaus Langeneß der Schutzstation Wattenmeer, Peterswarf. Täglich geöffnet.
Kirchen, Halligen Langeneß und Oland: Typische Halligkirchen mit historischer Ausstattung.
Leuchtturm an der Westspitze der Hallig. 11 Meter hoch. In Betrieb seit 1902.

OLAND, GRÖDE UND CO. – HALLIGHOPPING ZU FUSS UND MIT DEM SCHIFF

Die ersten Schritte sind ungewohnt. Barfuß, die Hosenbeine hochgerollt bis zu den Knien, setzen die Watt-Neulinge zögernd die Füße in den dunklen Schlick. Ein eigenartiges Gefühl ist das, wenn die weiche Pampe zwischen den Zehen nach oben quillt, unter der Ferse zur Seite quatscht und sich dann warm um die Knöchel schmiegt. Fremd, aber irgendwie auch angenehm. Bald weicht die Skepsis einer kindlichen Begeisterung. Heute ist Programm, was Mutter früher verboten hat: im Schlamm waten, schmutzige Füße bekommen und Dinge entdecken, die einem mit sauberen Füßen verborgen blieben.

Etwas weiter draußen stützt sich Johann-Georg Carstensen auf seine Grabforke und beobachtet amüsiert die ersten Gehversuche der Wattwanderer. „Es ist immer das Gleiche", sagt der Wattführer schmunzelnd, „am Anfang großes Trara, aber wenn sie dann erst mal drin sind im Watt, dann wollen sie gar nicht mehr raus." Kein Wunder, denn es ist wirklich ein besonderes Erlebnis, über den trockengefallenen Boden des Wattenmeers zu laufen, durch diesen extrem artenreichen Lebensraum, dessen Produktion an lebendiger Biomasse nur vom tropischen Re-

Ganz schön kräftige Scheren hat die Strandkrabbe. Aber die Neugier der Wattenläuferin ist stärker als ihre Skepsis.

Ausgebildete Wattführer kennen nicht nur den sichersten Weg durchs Watt. Sie wissen auch vieles über die Natur und Bedeutung des Wattenmeers und befördern mit ihrer Grabforke immer wieder Erstaunliches aus dem Schlick.

Zu Fuß über den Boden des Meeres: Eine Wattwanderung ist ein einzigartiges Erlebnis. Neulinge sollten sich allerdings nur mit einem erfahrenen Wattführer auf den Weg machen. Wem auflaufendes Wasser den Rückweg abschneidet oder plötzlicher Nebel die Orientierung nimmt, der ist in großer Gefahr.

genwald übertroffen wird. Nach Oland soll die Wattwanderung heute führen. In der flimmernden Luft des heißen Sommertages ist die kleine Hallig nur schemenhaft zu erkennen. Im Norden, noch weiter entfernt, scheinen am Horizont ein paar Halligen geisterhaft über dem Wasser zu schweben – eine Fata Morgana, hervorgerufen durch Spiegelungen an der warmen Luftschicht dicht über dem Watt. Ansonsten endlose Weite und Einsamkeit, aus der nur vereinzelte Schreie der Seevögel dringen.

Begonnen hatte das Abenteuer „3-Halligen-Tour" morgens um 9 Uhr am Hafen Schlüttsiel an Bord der MS „Seeadler". Nach einem kurzen Zwischenstopp auf Hallig Hooge das erste Highlight: Auf einer Sandbank räkelten sich mehrere hundert Seehunde, unbeeindruckt von dem Schiff und den Menschen mit ihren Ferngläsern und klickenden Fotoapparaten. Als alle sich sattgesehen hatten, steuerte die „Seeadler" nach Langeneß. Im Hallig-Express, einem Unimog mit zum Planwagen umgebautem Anhänger, ging's zur Honkens-

Auf Hallig Oland steht der einzige reetgedeckte „Leuchtturm“ Deutschlands, auch wenn das viereckige Ziegelsteingebäude auf den ersten Blick gar nicht danach aussieht.

warf, wo die „Hallighopper“ die Friesenstube im historischen Bauernhaus besichtigten. Zum Wattzugang Richtung Hallig Oland, dem Ausgangspunkt der vier Kilometer langen Wattwanderung, war es dann nicht mehr weit. Und am Rand des Watts, als sie die Schuhe auszogen und an den Rucksäcken befestigten, waren alle gespannt, was nun auf sie zukommen würde.

Inzwischen hat sich die Aufregung gelegt. Die Wanderer haben das ufernahe, weiche Schlickwatt hinter sich gelassen und sind im sandfarbenen Mischwatt angelangt. Hier ist der Boden fest, stellenweise fast hart, und bei jedem Schritt massiert er kräftig die Fußsohlen. Dicht an dicht ist der Boden bedeckt von den Fraßtrichtern und spaghettiförmigen Sandhaufen der Wattwürmer. Johann-Georg Carstensen marschiert zügig vorneweg. Zwei Kilometer weiter bleibt er stehen, stößt seine Forke in den Boden und winkt seine Schäfchen heran. Im Kreis stehen sie um ihn herum, fast jeder hat unterwegs irgendetwas gefunden, was er nicht zuordnen konnte, und bald liegen die Schätze auf einem kleinen Häufchen inmitten der Runde auf dem Boden.

Jetzt ist der Wattführer in seinem Element. Zu jedem Fundstück erzählt Johann-Georg Carstensen eine spannende Geschichte. Zu den Miesmuscheln, die sich mit Byssusfäden festhalten und Muschelbänke bilden, und zu den Herzmuscheln, die in der oberen Wattschicht leben und sich so schön mit tretenden Fußbewegungen ausgraben lassen. Der 53-Jährige erklärt, wie die Wellhornschnecke lebt und wie man Männchen und Weibchen der Strandkrabben auseinanderhal-

Die Knudtswarft auf der Hallig Gröde. Ein Ringdeich umgibt die Warft und schützt die Gebäude vor den immer höher auflaufenden Sturmfluten.

Die kleine Halligkirche auf Oland wurde im Jahr 1824 erbaut. Seitdem überstand sie unbeschadet mehrere starke Sturmfluten.

ten kann. Und er schildert die Gefahr, die den einheimischen Tieren durch eingeschleppte Arten, z. B. die Pazifische Auster und die amerikanische Schwertmuschel, drohen. Jeder darf die Fundstücke anfassen und sie ganz aus der Nähe betrachten. Dann wendet Johann-Georg Carstensen mit seiner Grabforke ein Stück Wattboden um und zieht einen langen Wattwurm aus dem grauen Schlick. „5 Euro für den, der den Wattwurm verschluckt", sagt er in die Runde. „Hätte mich auch gewundert", meint er grinsend, als alle angewidert das Gesicht verziehen. „In all den Jahren, die ich Wattwanderungen führe, hat sich noch nie einer die 5 Euro verdient."

Eine Stunde später: Die erschöpften Wattwanderer müssen sich die letzten Meter nach Oland erarbeiten. Ein knietiefer Priel ist schnell überwunden, und nach dem Endspurt durch weichen, schwarzen Schlick ist die Halligkante erreicht. Auf der einzigen Warft drängen sich die schmucken Reetdachhäuser mit liebevoll bepflanzten Vorgärten um den gepflegten Feting, der vor dem Anschluss an die Wasserversorgung vom Festland als Zisterne diente. Gerade mal 30 Einwohner leben in dieser kleinen, abgeschlossenen Welt. Es gibt eine Grund- und Hauptschule, eine denkmalgeschützte Halligkirche, ein Gemeindehaus, den einzigen reetgedeckten Leuchtturm Europas und den Halligkrog, in dem die durstigen Wattenläufer freundlich bewirtet werden. Nach einem ausführlichen Halligrundgang mahnt Johann-Georg Carstensen zur Eile: Gerade hat die MS „Seeadler" im kleinen Hafen festgemacht. Da bleibt nicht viel Zeit, denn nur beim maximalen Wasserstand kann das Schiff ungefährdet in die tiefere Fahrrinne zurückkehren.

Nach kurzer Fahrt nähert sich die MS „Seeadler" dem letzten Ziel der „3-Halligen Tour": Hallig Gröde-Appelland ist die kleinste selbständige Gemeinde Deutschlands. Gerade mal 17 Menschen leben auf den zwei Warften, nur zwei Kinder werden in der kleinen Halligschule unterrichtet. Der

Rechts: Manche geführte Wattwanderung wird kombiniert mit einer Schiffstour, wie hier die „3-Halligen-Tour" auf der MS „Seeadler".

Im einsamsten Kiosk Deutschlands, auf der Knudtswarft auf Hallig Gröde, gibt es die berühmten Knerken, nach traditionellem Rezept gebackene Hallig-Kekse.

kurze Spaziergang vom Anleger zur Schulwarft führt durch ein Eldorado für Botaniker, den größten zusammenhängenden Halligfliederbestand der Westküste. Auf der Hallig gibt es keinen Kaufladen und kein Gasthaus. Die beim Kaufmann auf dem Festland bestellten Lebensmittel werden einmal wöchentlich mit dem Schiff angeliefert. Die Halligbesucher erhalten im kleinen Kiosk auf der Knudtswarft leckere Knerken, das berühmte Hallig-Gebäck, das angeblich nur noch hier nach einem traditionellen Familienrezept gebacken wird.

Um 19 Uhr macht die MS „Seeadler" die Leinen los und nimmt Kurs auf den Heimathafen Schlüttsiel. Die 40 „Hallighopper" sind jetzt auffällig ruhig geworden, sie sitzen auf den Bänken und schauen gedankenverloren in den abendlichen Himmel. „Nach zehn Stunden Hallig-Tour sind unsere Gäste müde", meint Wattführer Carstensen. „Das Reizklima der Nordsee macht sich hier draußen bemerkbar." Heinrich von Holdt, Kapitän und Eigner der MS „Seeadler", steht noch immer konzentriert am Steuer. „Diese Touren zu den kleinen Halligen sind immer etwas schwierig", erklärt er. „Die winzigen Häfen sind tideabhängig, da muss der Zeitplan genau stimmen." Trotzdem fährt er solche Touren besonders gerne. Schiffskapitän im Wattenmeer, das war immer sein Traumjob, schon als Kind, wenn er mit seinem Vater auf dessen Schiff unterwegs war. „Wie sonst sollten die Menschen diese kleinen Eilande kennenlernen?", fragt er. Und Johann-Georg Carstensen ergänzt: „Die 3-Halligen-Tour ist was Besonders. Sie ist die Königstour im Wattenmeer."

Fahrzeiten: Juni bis September alle zwei Wochen. Frühzeitige Anmeldung ist erforderlich! Abfahrt im Hafen von Schlüttsiel. Parkplatz vorhanden. Fahrkarten sind direkt am Schiff erhältlich. Reservierung und Fahrpläne: Hallig-Reederei Heinrich von Holdt, www.seeadler-hooge.de.

Mit nackten Füßen spürt man am besten die verschiedenen Typen des Watts: das feste Sandwatt, das die Sohlen kräftig massiert, das weiche, aber noch gut begehbare Mischwatt, und das Schlickwatt, in dem die Füße einsinken und jeder Schritt anstrengend wird.

Unten:
Meeresvögel schwärmen schreiend um die MS „Seeadler". Da lohnt sich der Griff zum Fernglas.

Weitere Touren und Anbieter

Geführte Wattwanderungen werden in vielen Küstenorten und auf den Inseln und Halligen angeboten. Auskünfte bei den Touristinformationen und bei den Infozentren der Nationalparkverwaltung und Naturschutzvereine.

Hallig-Reederei Heinrich von Holdt, MS „Seeadler" (www.seeadler-hooge.de): Kombinierte Tour Schiffsausflug/Wattwanderung ab Schlüttsiel zur Vogelhallig Norderoog. Biosphären-Special: Kombinierte Wattwanderung/Schiffstour Schlüttsiel-Oland-Langeneß -Schlüttsiel.

Halligreederei MS „Hauke Haien" (www.wattenmeerfahrten.de): Schiffsausflug zur Hallig Gröde. Kombinierte Wattwander-Schiffsfahrten Dagebüll-Oland-Langeneß.

MS „Rungholt" (www.halligmeerfahrten.de): Kombinierte Wattwander-Schiffsfahrten Dagebüll-Oland-Schlüttsiel. Schiffsausflüge zu den Halligen Oland und Gröde.

Adler-Schiffe, MS „Adler V" (www.adler-schiffe.de): Schiffsausflüge ab Nordstrand/Hafen Strucklahnungshörn zur Hallig Gröde mit Besuch der Seehundsbänke. Wattwanderungen.

Kutschfahrten zur Hallig Südfall: Abfahrt auf der Insel Nordstrand am Strand Fuhlehörn (auf Nordstrand Richtung Strucklahnungshörn fahren, ca. 800 m hinter Odenbüll dem kleinen Wegweiser „Kutschfahrten" nach links folgen). Anmeldung und Informationen bei der Kurverwaltung Nordstrand und im Service-Teil, S. 60–61.

Wattwanderer aufgepasst

Gehen Sie nie alleine und möglichst nie ohne ortskundigen Führer auf eine Wattwanderung.
Melden Sie sich vor Beginn einer Wattwanderung ab und geben Sie Dauer und Ziel der Wanderung an.
Bedenken Sie die Tide und kalkulieren Sie genug Zeit ein für den Rückweg.
Beginnen Sie nie eine Tour bei auflaufendem Wasser, sondern möglichst zwei Stunden vor Niedrigwasser. Holen Sie eine Wettervorhersage ein (Gefahren durch Nebel und Gewitter!).
Vorsicht bei Muscheln und Muschelschalen. Diese können Schnittwunden verursachen (Pflaster mitnehmen!).
Lassen Sie nach Niedrigwasser keinen Priel zwischen sich und das Festland kommen, sondern verlassen Sie das Watt unverzüglich.
Kleidung: Kurze Hose oder Hose, bei der die Beine hochgekrempelt werden können.
Schuhwerk: Am schönsten läuft es sich barfuß. Alternativ: Geschnürte Leinenturnschuhe oder Gummistiefel.
Mitnehmen: Jacke/Pullover gegen kühlen Wind und Regen, Kleidung zum Wechseln für kleinere Kinder, Sonnenschutzcreme. Ein kleines Fernglas hilft bei der Orientierung und bei der Beobachtung von Vögeln. Auf vielen kleineren Halligen ist keine Gastronomie vorhanden. Führen Sie deshalb immer Getränke (Wasser) und ein paar Kleinigkeiten zum Essen mit sich. Verpacken Sie alles in einen kleinen Rucksack.

Gebannt lauschen die Wattwanderer den Worten des Wattführers. So viel Aufmerksamkeit würde mancher Lehrer sich wünschen.

Die Wattwanderer haben inzwischen gelernt, dass der unscheinbare Wattboden von unzähligen Lebewesen besiedelt ist. Auch, dass die Kotkringel des Wattwurms fast nur aus Sand bestehen, wissen sie jetzt.

Entdecken Sie die kleinsten Halligen

Mehrere kleine Halligen werden nicht oder nur unregelmäßig von Schiffen angefahren und sind lediglich durch Wattwanderungen oder Kutschfahrten zu erreichen. Einige sehr kleine Halligen dürfen aus Naturschutzgründen grundsätzlich nicht betreten werden oder werden nur von einem Vogelwart bewohnt.

Hallig Oland
Etwa 100 ha. Unregelmäßig erreichbar mit Ausflugsschiffen (MS „Seeadler" und MS „Rungholt") ab Schlüttsiel oder per Wattwanderung. Überfahrt mit der Lore ab Dagebüll nur für Übernachtungsgäste.

Hallig Gröde
277 ha. Berühmt für die Halligflieder-Blüte (Juli/August). Unregelmäßig erreichbar mit Ausflugsschiffen (MS „Seeadler" und MS „Rungholt") ab Schlüttsiel oder per Wattwanderung.

Hallig Südfall
50 ha. Bewohnt nur von einem Vogelwart. Zugang ausschließlich im Rahmen genehmigter Führungen. Erreichbar mit der Pferdekutsche ab Nordstrand, Badestelle Fuhlehörn (während der Feriensaison täglich) oder per Wattwanderung.

Hallig Habel
3,6 ha. Vogelschutzgebiet. Nur von einem Vogelwart bewohnt. Kein Zutritt.

Hallig Norderoog
7,8 ha. Bekannt als „Vogelhallig". Liegt in der Nationalpark-Kernzone und darf deshalb nur außerhalb der Brutzeit betreten werden. Der Vogelwart wohnt in einem Pfahlhaus. Erreichbar nur durch gelegentliche geführte Wattwanderungen ab Hallig Hooge.

Hallig Süderoog
60 ha. Bewohnt von nur einer Familie. Erreichbar nur gelegentlich per Wattwanderung mit erfahrenem Führer ab Pellworm.

Hamburger Hallig
550 ha mit Vorland. Ein Betonplattenweg durchs Vorland verbindet die Hallig mit dem Festland. Gutes Beobachtungsgebiet für Zugvögel, z. B. verschiedene Gänsearten. Erreichbar zu Fuß oder mit dem Fahrrad ab Sönke-Nissen-Koog (nahe Bredstedt), mit dem Auto gegen Mautgebühr (5,– €). Fahrradverleih auf dem Festland im Infozentrum am Deich.

Informationen zu allen nordfriesischen Halligen unter www.halligen.de

Manch einer entdeckt erst hier, wie angenehm es sein kann, barfuß zu laufen.

Seehund-Safari

Schiffsausflug zur Hallig Nordstrandischmoor

Eine Safari durchs Wattenmeer? Das gibt es wirklich. Hunderte Seehunde, seltene Vögel und die Strandfliederblüte garantieren faszinierende Entdeckungen. Der Weg ist das Ziel auf dieser Fahrt zur Hallig Nordstrandischmoor.
Ganz langsam und fast ohne Motorengeräusch gleitet die MS „Adler V" an der Sandbank entlang. Die etwa 50 Passagiere sind mucksmäuschenstill. Gebannt stehen sie an der Steuerbord-Reling und bewundern das Naturschauspiel, das sich ihnen bietet. An die 500 Seehunde liegen da auf dem weißen Sand der Lorenzensplate, dicht an dicht und zum Greifen nah. Manche sind grau gefleckt, andere eher bräunlich gefärbt, und gelegentlich ist sogar ein Jungtier dazwischen. Die meisten Seehunde scheinen das Schiff in ihrer Nähe gar nicht wahrzunehmen, nur manchmal hebt einer den Kopf und schaut gelangweilt herüber.

Auch Regine Brauer, Rangerin beim Naturschutzservice des Wattenmeer-Nationalparks, nimmt das Fernglas nicht von den Augen. Sorgfältig schaut sie sich die einzelnen Tiere an, macht Notizen. Als die „Adler V" schließlich die Seehundsbank hinter sich lässt und langsam wieder Fahrt aufnimmt, nickt sie zufrieden. „Nur, was man kennt, das schützt man auch", erklärt die Mitarbeiterin des Nationalparkamts. „Deshalb ist es uns wichtig, den Besuchern des Wattenmeers solche Erlebnisse zu ermöglichen." Und dann hebt sie wieder ihr Mikrofon an den Mund und erzählt den Mitreisenden, warum sich die Seehunde hier vor der Halbinsel Eiderstedt versammeln: „Auf den Sandbänken gebären und säugen sie ihre Jungen, und mit Hilfe des Sonnenlichts tanken sie hier das lebenswichtige Vitamin D. Und nach zwei bis vier Tagen auf Fischfang im tieferen Wasser brauchen die Seehunde einen Platz, auf dem sie ungestört ruhen können."

Zu Besuch mit der MS „Adler V" bei den Seehunden auf der Lorenzensplate vor Eiderstedt. Die Kapitäne der Ausflugsschiffe wissen, wo in der jeweils aktuellen Situation Seehunde zu erwarten sind. Bei der Annäherung halten sie sich strikt an die vorgeschriebenen Entfernungen, um die Tiere nicht zu stören.

Nach der verheerenden Staupe-Epidemie haben sich die Seehundbestände im Wattenmeer inzwischen wieder erholt. Am besten kann man die Meeressäuger auf den Sandbänken beobachten, auf denen sie rasten und ihre Jungen zur Welt bringen.

Beobachtung der Seehunde in freier Natur: für Jung und Alt ein beeindruckendes Erlebnis.

Auf der Brücke legt Kapitän Erich Diedrichsen währenddessen den Kurs zur Hallig Nordstrandischmoor fest. Hat er keine Angst, mit seinem Schiff die Seehunde zu stören? „Nein, überhaupt nicht", meint der hagere 69-Jährige, der auf Hallig Hooge geboren ist. „Die Seehunde kennen unser Schiff, unsere Ausflugsfahrten gehören für sie dazu. Nur bei fremden Schiffen werden die Tiere misstrauisch und gehen ins Wasser." Dann verlangt die „Adler V" wieder die volle Aufmerksamkeit des Kapitäns. Seit 45 Jahren fährt Erich Diedrichsen zur See, die meiste Zeit davon im Wattenmeer. „Man braucht hier sehr viel Erfahrung", sagt er. „Überall ist nur wenig Wasser unterm Kiel, ich muss alle Untiefen und Sandbänke genau kennen."
Die Passagiere genießen die Fahrt durchs Wattenmeer. Fast niemand ist unter Deck, alle sind begeistert von der großartigen Landschaft. Links taucht die winzige Hallig Süderoog auf, etwas später ragt rechts die Warft der Hallig Südfall aus

Fachkundige Begleitung auf der Seehund-Safari: Die Nationalpark-Ranger haben viel Spannendes und Wissenswertes zu erzählen.

dem Wasser. Regine Brauer wird mit Fragen bombardiert, und sie antwortet gerne und ausführlich. Dass nicht mehr als 50 Gäste täglich die kleinen, geschützten Halligen besuchen dürfen, erzählt sie, und dass das Wattenmeer die Kinderstube der Fische ist. „Drei bis fünf Millionen Zugvögel rasten hier alljährlich. Das Watt ist die Drehscheibe des internationalen Vogelzugs." Und dann zeigt die Rangerin auf eine Gruppe dunkler Vögel, die unbeholfen am Rand einer Sandbank umherwatscheln. „Mausernde Brandenten. Sie haben gerade ihre Schwungfedern abgeworfen und können deshalb nicht fliegen."

Vom Anleger der Hallig Nordstrandischmoor ist es nicht weit zur Neuwarft. Nur 18 Menschen leben auf dem winzigen Eiland, aber viele Schafe und Seevögel.

Die „Adler V" nähert sich Nordstrandischmoor. Vorsichtig und langsam navigiert Kapitän Diedrichsen sein Schiff zur Hallig. 200 Meter vor dem kleinen Anleger stoppt er die Maschinen. „Nichts zu machen. Wir müssen noch warten." Er greift sich das Mikrofon für eine Durchsage. „Liebe Fahrgäste, leider verzögert der Ostwind das auflaufende Hochwasser", erklärt er seinen Passagieren. Der Wasserstand am Anleger sei noch zu niedrig, 30 Minuten könne es wohl noch dauern, bis die „Adler V" festmachen könne. Die Fahrgäste nehmen's gelassen. „Ja, so ist das im Wattenmeer", meint Käptn Diedrichsen und schiebt sich mit dem Zeigefinger die Mütze aus der Stirn. „Hier läuft so manches anders als in der normalen Seefahrt."
175 ha groß ist Nordstrandischmoor, und auf den vier einsamen Warften leben nur 18 Bewohner. Bis zu 50 Mal im Jahr herrscht auf der Hallig Landunter. Viermal zerstörten Sturmfluten in den vergangenen Jahrhunderten die kleine Halligkirche, bevor die Menschen es aufgaben, sie wieder aufzubauen. Einzig der 5 ½ km lange Lorendamm, der wie eine Nabelschnur die Hallig mit dem Festland verbindet, vermittelt ein wenig Sicherheit. Scharen von Seevögeln fliegen über dem flachen Land, sie sind die eigentlichen Herrscher dieses einsamen Fleckchens Erde. Als die Passagiere der „Adler V" schließlich an Land gehen, wartet Nordstrandischmoor mit einer besonderen Überraschung auf. Ein Meer aus blauen Blumen empfängt die Besucher – jetzt im Juli/August steht der Strandflieder in voller Blüte. Zwischen all der Farbenpracht weiden ein paar Kühe und Schafe – ein Bild von Frieden und Harmonie, das vergessen lässt, mit welchen Strapazen und Schwierigkeiten Mensch und Natur auf diesem Eiland zwischen Land und Meer zu kämpfen haben.

Das Segeln zwischen den Halligen ist nicht ungefährlich und erfordert gute Kenntnisse des Reviers.

Nur bei Hochwasser kann das Ausflugsschiff in der flachen Fahrrinne den Anleger der Hallig Nordstrandischmoor erreichen. Bei vielen Halligen bestimmt der Zyklus der Gezeiten den Fahrplan der Schiffe.

Lachmöwen begrüßen die MS „Adler V" bei der Annäherung an die Hallig Nordstrandischmoor. Elegant segeln sie in den Aufwinden hinter dem Schiff.

Linke Seite:
Die Hallig Nordstrandischmoor ist bekannt für die Blütenpracht des Halligflieders. Ohne Beweidung wären die Halligfliederbestände gefährdet.

Ihr Weg zu den Ausflugsschiffen

Mit der Bahn

Mit dem Zug bis Husum. Vom Bahnhof verkehren während der Hauptsaison mehrmals täglich Busse zu den Häfen Schlüttsiel und Strucklahnungshörn/ Nordstrand.
Zum Außenhafen Husum: vom Bahnhof aus gut 1 km Fußweg.

Mit dem Auto

Nach Schlüttsiel und Strucklahnungshörn/Nordstrand.
Husum: der Ausschilderung zu den Ausflugsschiffen bzw. zum Außenhafen folgen.
An allen Häfen sind Parkplätze vorhanden.

Weitere Ausflugsfahrten

Die hier beschriebene „Seehund-Safari" wird von der Reederei Adler-Schiffe angeboten. Ähnliche Ausflüge, mit und ohne Halligaufenthalt, bieten auch die Wyker Dampfschiffs-Reederei, die Neue Pellwormer Dampfschifffahrtsgesellschaft, die Hallig-Reederei Heinrich von Holdt, die Halligreederei MS „Hauke Haien" und die MS „Rungholt" an. Außerdem werden Wattwanderfahrten durchgeführt, Seetier- und Krabbenfang, Piratenfahrten für Kinder, Grillfahrten und vieles mehr. Die Adressen der Reedereien finden Sie auf den Service-Seiten, S. 60–61.

Was tun auf Hallig Nordstrandischmoor?

Die meisten Besucher haben nur etwa 1 ½ Stunden „Landgang". Das reicht für einen kurzen Spaziergang zur Neuwarft sowie für eine Einkehr im „Halligkrog" und einen Besuch des „Sturmflutkinos". Vom Halligkrog aus besteht die Möglichkeit, eine Rundfahrt im von einem Traktor gezogenen Wagen zu unternehmen.
Sehenswertes auf der Hallig: Ungewöhnlicher Friedhof, 20 Grabplatten aus Carrara-Marmor.
Halligschule auf der Schulwarft, derzeit drei Schüler. An Weihnachten dient der Schulraum als Kirche.
Nahe der Schulwarft zeigt ein Sturmflutpfahl die Höhe bisheriger Sturmfluten an.
Ein kleiner Segelhafen bietet Liegeplätze für segelnde Inselgäste.

Service-Seiten

Deutsche Bahn
Zugverbindungen
nach Husum, Dagebüll, Sylt:
www.bahn.de
www.insellaune.de

Nord-Ostsee-Bahn
Zugverbindungen nach Husum, Sylt:
Tel. 0180-10 180 11 (0,09 €/Min.)
www.nord-ostsee-bahn.de

Sylter Verkehrsgesellschaft (SVG)
Inselbusse auf Sylt:
Tel. 04651-8361000
www.svg-sylt.de

AutoZug SyltShuttle
Autotransport von Niebüll nach
Westerland/Sylt:
Service-Tel. 01805-93 45 67
(0,14 €/Min.)
www.syltshuttle.de.

Flughafen Sylt
Tel. 04651-920612,
www.flughafen-sylt.de

MS Syltexpress
Fähre zwischen Havneby/Rømø
und List/Sylt
Tel. 0180-3103030 (0,09€/Min.)
www.syltfaehre.de.
Fahrkarten-Schalter in Havneby vor
dem Anleger (Fischereihafen) und in
List am Hafen

Wyker Dampfschiffs-Reederei (W.D.R.)
Fährverkehr von/nach Dagebüll und
Schlüttsiel nach Amrum, Föhr und
zu den Halligen Hooge und Langeneß;
Ausflugsfahrten; Busverkehr auf
Amrum
Tel. 01805-080140 (0,14 €/Min).
www.faehre.de.

Adler-Schiffe GmbH & Co. KG
Verbindung (ohne Fahrzeugtransport)
zwischen den Inseln und Halligen;
Ausflugs- und Wattwanderfahrten
Tel. 04842-90000
www.adler-schiffe.de

Ohne Schafe sind die Inseln und Halligen nicht vorstellbar. Überall auf den Deichen sind die lebenden Rasenmäher unterwegs.

Linke Seite:
Die Autofähre MS „Pellworm I“ verbindet die Insel Pellworm mit dem Hafen Strucklahnungshörn auf Nordstrand.

Neue Pellwormer Dampfschifffahrtsgesellschaft (NPDG)
Fährverbindung zwischen Nordstrand und Pellworm; Ausflugsfahrten; Inselbus Pellworm
Tel. 04844-753
www.faehre-pellworm.de

Hallig-Reederei Heinrich von Holdt / MS „Seeadler“
Fahrten von Schlüttsiel zu den Halligen; Ausflugs- und Wattwanderfahrten
Tel. 04674-1535
Bordtelefon: 0170-7719994
www.seeadler-hooge.de

Halligreederei MS „Hauke Haien“
Von Schlüttsiel und Dagebüll zu den Halligen; Ausflugs- und Wattwanderfahrten
Tel. 04841-81481
www.wattenmeerfahrten.de

MS „Rungholt“
Kapitän Uwe Petersen
Ausflugs- und Wattwanderfahrten ab Schlüttsiel zu den Halligen
Tel. 04667-367
www.halligmeerfahrten.de

Kutschfahrten nach Südfall
Ab Fuhlehörn/Nordstrand
Herr Andresen:
Tel. 04842-300 oder
Kurverwaltung Nordstrand:
Tel. 04842-454

Schutzstation Wattenmeer e. V.
Infozentren, Führungen, Wattwanderungen auf den Inseln und Halligen
Tel. 04331-23622
www.schutzstation-wattenmeer.de

Hafenidylle mit Fischer- und Segelbooten in Wittdün auf Amrum

Inhalt

Umschlagabbildungen:
Groß: Badespaß unterhalb des Roten Kliffs bei Kampen/Sylt
Klein: Hallig Langeneß, ein Paradies für Naturfreunde
Rückseite: Im Naturschutzgebiet Amrumer Dünen bei Norddorf

Bibliografische Information der Deutschen Nationalbibliothek

Die Deutsche Nationalbibliothek verzeichnet diese Publikation in der Deutschen Nationalbibliografie; detaillierte bibliografische Daten sind im Internet über http://dnb.d-nb.de abrufbar.

Fotos: Holger Schulz

Gesamtherstellung: Husum Druck- und Verlagsgesellschaft
Postfach 1480, D-25804 Husum – www.verlagsgruppe.de

ISBN 978-3-89876-422-3